MARÍA SOLTERA

LA TRAVESÍA DE UNA DAMA POR HONDURAS (1884)

ERANDIQUE
COLECCIÓN

ÍNDICE

DESDE AMAPALA HASTA PUERTO CORTÉS 7
CAPÍTULO I: ¿DÓNDE QUEDA SAN PEDRO SULA? 9
CAPÍTULO II: ESCUCHÉ QUE VA A HONDURAS… ¡SEGURAMENTE ES UN VIAJE TERRIBLE! 19
CAPÍTULO III: "SAN PEDRO SULA ES UN LUGAR HERMOSO". 29
CAPÍTULO IV: CALOR, MOSQUITOS Y SOPA DE GALLINA ... 41
CAPÍTULO V: LA OFICINA DE LA CÓNSUL EN AMAPALA 51
CAPÍTULO VI: EN HONDURAS NO CONOCEN LOS SOMBREROS 61
CAPÍTULO VII: ¿QUÉ SIGNIFICA BOLO? 71
CAPÍTULO VIII: ¿HAY CARNE O TORTILLAS? 85
CAPÍTULO IX: LE TIENEN CELOS A TEGUCIGALPA 99
CAPÍTULO X: LAS REVOLUCIONES Y EL FERROCARRIL 113
CAPÍTULO XI: DOCE PESOS POR CADA UNA DE LAS TRES MULAS 125
CAPÍTULO XII: LLEGADA A SAN PEDRO SULA; ZARPANDO A NUEVA ORLEANS 137

DESDE AMAPALA HASTA PUERTO CORTÉS

Este interesante volumen, publicado en 1884, refleja las experiencias de una viajera inglesa por Honduras, desde Amapala hasta San Pedro Sula. Y luego saliendo por Puerto Cortés. Su viaje fue infructuoso, ya que tenía la expectativa de trabajar de maestra, y el proyecto no se materializó por una mezcla de engaño y malas comunicaciones.

Sin embargo, logra recoger una serie de impresiones y observaciones sobre Honduras en 1881, justo cuando se estaba iniciando el proceso de integración a la economía y comunicaciones internacionales.

Las carreteras eran virtualmente inexistentes, por lo que el trayecto tomaba 15 días de viaje (excluyendo estadías de más de una noche). Todo el trayecto se hacía en bestia, y los caminos eran inexistentes fuera de los valles y zonas cercanas a las ciudades.

En buena parte de las estaciones, no existía la infraestructura para atender viajeros, habiendo sido muy poca la necesidad anterior de atenciones.

Con el paso de los años se irían atenuando estos problemas, pero aquí estamos en la más temprana etapa del progreso, con una vista a comunidades que conservaban todavía su cultura e infraestructura coloniales.

La autora muestra una amplitud de mente y ausencia de prejuicios (notable para su época… y considerando que su expedición fue fallida), que le permite documentar sus vivencias de forma objetiva. Como es acostumbrado, los locales conciben su realidad cotidiana como algo que no requiere mayor atención o comentario, y toca a los foráneos interesarse.

Por eso, es un proyecto valioso traerles esta obra, una voz del pasado lejano que describe a nuestra Honduras en 1881 como una tierra con mucho futuro, pero con algunas características que conserva hasta la fecha.

He conservado los nombres geográficos tal como los plasma el libro original. El hecho de tener ortografía no uniforme nos indica una sociedad casi preliteraria, y esto es parte de la realidad descrita.

Este viaje por nuestro territorio se llevó a cabo así:
Amapala (2 noches).
Cruce en barco (20 km) a
El Aceituno (1 noche) "Aceituña".
Tránsito 14 km.
Goascorán (2 noches).
Tránsito 16 km.
Aramecina (1 noche).
Tránsito 18 km.
San Juan, La Paz (1 noche)
Tránsito 15 km
El Tablazón, La Paz (?) (1 noche)
Tránsito 15 km
Lamaní, Comayagua (?) (1 noche)
Tránsito 15 km
El Naranjo (cerca Villa de San Antonio, Comayagua ?) (1 noche)
Tránsito 15 km
Comayagua (2 noches)
Tránsito 15 km (1 noche)
Quevos (no identificado)
Tránsito 15 km (1 noche)
Santa Isabel (no identificado)
Tránsito 13 km (1 noche)
Adelante de Meámbar (1 noche)
Tránsito 20 km
Santa Cruz de Yojoa (1 noche)
Tránsito 10 km
No identificado (1 noche)
Tránsito 7km
Potrerillos
Tránsito 40 km
San Pedro Sula

JOSÉ AZCONA
DIRECTOR EJECUTIVO COLECCIÓN ERANDIQUE

CAPÍTULO I: ¿DÓNDE QUEDA SAN PEDRO SULA?

Era cuestión de libras, chelines y peniques. ¿Debería tomar el buque a vapor desde San Francisco hasta Panamá, cruzar el istmo, y entrar a Honduras hispana desde el lado del Atlántico? ¿O sería mejor que viajara por barco a vapor hasta Amapala y desde ahí viajar en mulas atravesando el país hasta San Pedro Sula (mi destino) por una distancia de unas doscientas diecinueve millas? Así de perpleja estaba la menta de su servidora viajera por el mundo "Soltera", mientras estudiaba a fondo las guías de ferrocarriles y barcos a vapor y calculaba los gastos en su cómoda, pero costosa, habitación en el Palace Hotel de San Francisco el mes de junio en el año del Señor 1881.

¡El barco a Panamá! ¡Un buen gasto! Y una vez en ese lugar, el final del viaje no ha llegado. Después de aguantar el mareo por el mar, muchos truenos y rayos sin fin, por unos doce días, había más riesgo de contagiarse de la fiebre de Panamá.

A esta fiebre se le llama comúnmente la fiebre del canal (en sombrío complemento a ese corte), y su resultado general es detener decididamente todos los planes y la locomoción durante muchos días; a menudo para siempre. De evitar ese infortunio, tendría la certeza de estar detenida en algún lugar miserable a la espera de una embarcación que vaya a Puerto Cortés. Una factura por "incomodidad suplida", con un terrible cargo de dólares, sería el resultado inevitable de esa detención.

Una vez en Puerto Cortés, que también es llamado Puerto Caballo, aún quedarían cincuenta millas de viaje por las montañas, a través de arroyos, y sobre las ruinas del Ferrocarril Interoceánico de Honduras, hasta alcanzar el puerto de San Pedro Sula. Hasta aquí este lado de la cuestión.

Ahora el otro lado.

Tomar el barco a vapor hasta Amapala, que es el único puerto de entrada en el Pacífico hacia la Honduras hispana; llegar al consulado; hacer amistad y alianza con el buen señor don Pedro Bahl; pedirle mulas, sirvientes y un mulatero; y así cabalgar directo hacia San Pedro Sula. Ese es el mejor plan. También será la ruta más barata; y, por estos medios, voy a disfrutar de las montañas que tanto amo y observarlas en toda su hermosura, las grandes montañas de Honduras, por la que pocos ingleses, y menos aún mujeres inglesas, han cabalgado.

Se ha comprobado, y me lo han asegurado desde Honduras, que los peligros de esta ruta han sido muy exagerados, siendo el principal inconveniente los malos caminos y el peligro de vadear algunos de los arroyos. También es muy difícil obtener comida. Pero tendré un sirviente y un mulatero para buscar, y podré vivir como ellos durante doce días más o menos (aseveración precipitada); y con solo un suministro tolerable de leche, viajaré lejos y bien.

Ahora cae sobre mi alma el recuerdo de que estoy sola en el mundo; y en este momento ese conocimiento no trae dolor. No hay ningún pariente cercano cuyas ansiedades puedan disuadirme; no se romperá el corazón de un amado si me va mal. El sufrimiento, físico o mental, caerá solamente sobre mí; y si esta expedición termina en el "último desastre", quedan, gracias a Dios, los que están fuera de los lazos de parentesco, que me recordarán amablemente y tratarán amablemente mi nombre. Déjenme avanzar mientras tenga salud y ánimo. Estoy sola en el mundo, sí; pero voy con Dios.

"¿Qué estás haciendo, Soltera? ¿Por qué vas a San Pedro Sula, y dónde queda este lugar?" me había preguntado, unas semanas antes, mi apuesto y joven primo del clan Campbell, que había subido a bordo en Auckland, donde el barco de vapor Australia (en el que yo era uno de los pasajeros) tocaba, desde la encantadora y hostil Sídney. Nos dirigíamos a San Francisco, y nos tuvimos que quedar unas cuantas horas en Auckland para recibir el contingente de correo y marineros de Nueva Zelanda. Este primo y su esposa iban a "casa" en una visita, y estaba en la naturaleza accidental habitual de los viajes, que nos encontráramos así sin la menor intención por parte de ninguno de los dos.

El ferrocarril y el vapor aquí dieron evidencia de que el mundo es lo suficientemente pequeño como para convertir los encuentros casuales con amigos separados en un incidente común.

Aparte del hecho de que la presencia de este pariente contribuiría a arrojar un aire de respetabilidad sobre mí, me alegré mucho de encontrarlo y de asegurar un auditor sobre mis planes e intenciones.

En respuesta de estas preguntas, le informé al Sr. Campbell que San Pedro Sula era una ciudad grande en la República de Honduras, situada a unas cincuenta millas, o quizá más, de la costa atlántica, a los pies de una cadena montañosa, cuyo nombre no recuerdo. Que el clima, de acuerdo con un panfleto elaborado por el Dr. Pope, es saludable (no lo es, pero las noches son soportables); que se estaba estableciendo allí una colonia de británicos y de algunos franceses. Además, el Gobierno de Honduras estaba otorgando grandes concesiones de tierra (era verdad), y esforzándose al máximo para que los europeos se establecieran allí.

"¿Qué tiene que ver todo esto contigo?", dijo mi primo, que parecía temer que todo el contenido del panfleto estuviera a punto de caer sobre él.

"Simplemente esto: como hablo español de manera justa, y puedo ser útil de otra manera, me invitan (después de alguna correspondencia sobre el tema) a encargarme de la escuela que se está construyendo para los hijos de los colonos en San Pedro Sula. Se me ha garantizado un salario; y, aunado a esto, el Gobierno me asignará una plantación de ciento sesenta acres para tomarlo, siempre y cuando este sea cultivado y mantenido en orden. El Dr. Pope me dice que una plantación, una vez puesta en marcha, requiere poco desembolso, más allá de los gastos del primer o segundo año".

"¿Quién es este Dr. Pope?".

"El agente del Gobierno de Honduras y un cura católico. Él ya ha localizado a un número de familias de Irlanda, y regresará pronto y traerá cuatrocientas más. El panfleto circula como una proclamación y confirmación de su posición hacia el mudo exterior, y contiene, en inglés y en español, una copia de todos los contratos existentes entre el presidente de la República, el Dr. Soto, y este agente. También hay cartas de autoridad publicadas de la mayoría de las personas principales del Estado, el consulado holandés, y el obispo de Comayagua".

"¿Coma–qué?".

"Comayagua", respondí. "La antigua capital de Honduras hispana. La sede del Gobierno se transfirió a una ciudad que está más al sur de Comayagua. El nombre de esta ciudad es Tegucigalpa, ¿quizá este nombre te guste más?".

"No te burles de mí; ¡Los nombres son maravillosos! ¡Qué país debe ser para soportar denominaciones tan extrañas! Discúlpame. Espero que no hayas comprado ningún terreno ni hayas puesto dinero en manos de este agente".

"Desde luego que no. Sabes que me he visto obligada a aumentar mi miseria aceptando alumnos en Sídney. Lamento mucho separarme de esta querida gente; pero no me estoy haciendo más joven y quiero formar mi propio hogar. Esta cita me ayudará hasta que lo haga. ¿No ves?".

"Sí, bueno, y si no es así, puedes regresar. No se mucho al respecto, pero siempre he tenido la impresión de que el clima allí es bastante horrible. Tan caliente como el fuego, ¿no?".

"No entre las montañas", aseguré rápidamente; porque no se debe permitir que una sombra de sospecha caiga sobre mis amadas montañas. "El clima es insalubre, y peor, lo sé, en la costa y en las llanuras bajas; pero voy a estar muy poco en esos lugares".

"¿No hay allí un lugar llamado Mosquito? Eso suena encantador, pero todo lo contrario a placentero, ¿eh?".

"Mosquito, mi querido primo, es otra provincia totalmente. Mira el mapa. Puedes usarlo tanto como quieras. San Pedro Sula está en el interior del país, y está rodeado de montañas. El único inconveniente de la situación es que la ciudad se ha colocado en su base".

"¿Cómo se llaman estas montañas?".

"No sé si tienen un nombre en particular; pero forman parte de la principal cadena montañosa".

"En cualquier caso, pareces conocer bastante bien la geografía de estas partes, y espero que no te sientas decepcionada; porque realmente, Soltera, esto es una gran aventura, y no hay duda de que es así".

"Sí; y si lees en algún periódico, unos meses después, sobre una dama desconocida junto con su mula, ha sido encontrada en el fondo de un precipicio, convéncete de que soy yo. Se puede salvar a mejores personas; así que de cualquier manera lo intentaré. Además, mi última estadía en Fiyi me ha dado una idea tanto de la vida tropical como de las plantaciones. Aprendí algunas cosas cuando estuve en esas hermosas islas del Pacífico que espero aprovechar".

(Hace un año había trabajado como institutriz de acabado en una familia de plantadores en una de las islas del grupo de Fiyi. Este hecho informará al lector que agrego el crimen de pobreza a mis otros perjuicios).

La conversación anterior también explicará las formas y medios conflictivos que me ejercitaron durante mi estadía en San Francisco, y por qué la ruta más peligrosa intervino tan fácilmente con mi bolsillo y mis inclinaciones.

El tiempo y el barco a vapor vía los puertos mexicanos de Mazatlán, San Blas, Manzanillo y Puerto Ángel, me vieron en mi camino a la República de Honduras, y dirigirme a su puerto de entrada, Amapala.

Este lugar está raramente marcado en los mapas más pequeños, que he de mencionar que esta ciudad está situada en una pequeña isla en la Bahía de Fonseca; y que la mayoría de la gente lo desprecia por ser un lugar caluroso, sucio y que no genera dinero.

Después de haber "estado y visto" las tiendas de los Estados Unidos del cónsul americano allí, y haber presenciado el tráfico que tiene lugar en su almacén bien abastecido, me inclino mucho a dudar de la última parte de esta afirmación.

La opinión pública, además, parecía muy agraviada porque los relámpagos nocturnos que siempre actúan con gran vigor en Amapala han dejado intacta hasta ahora la ciudad, y esto por una peculiar y persistente perversión del bien y del mal. Por la manera también en que algunas personas hablaban de esta costa, me hizo creer que un león iba a ser avistado en sus orillas al acercarse un barco de vapor, acechando, estaba implícito, la carne rara que, en el forma de un pasajero, podría descender sobre Amapala. El león también disfrutó de la peculiaridad de ser reportado como un "tigre", probablemente porque una colonia llamada "La Montaña de los Tigres" estaba cerca del lugar de atracadero, y de donde pudo haber rugido la criatura. Sin embargo, antes de que el viaje casi terminara, se había transformado (según la descripción) en un leopardo de montaña. Suficientemente malo; pero nunca lo encontré en ninguna de estas fases.

Acapulco es uno de los puertos mexicanos a los que llegamos en nuestro camino hacia la costa, del cual siempre tendré una "memoria agradable". Arribamos a su encantador puerto temprano; y la vista del pintoresco pueblito, sobre cuyos techos rojos se iba despejando lentamente el fino velo de la niebla, me recordó el rostro de un amigo decidido a sonreír. Su situación entre dos lenguas de tierra irregulares y salientes, con el fondo que se ensancha y se eleva gradualmente hacia los cerros, lo dota de un aire de calidez y, al mismo tiempo, perfectamente protegido.

Unos pocos árboles, salpicados de toda la belleza de la imprecisión, sirven para aliviar todo el paisaje de la apariencia de aridez tan común en la mayoría de los pueblos costeros. Varias rocas rotas de colores peculiarmente vívidos sobresalen como una avanzada a la derecha de un largo muelle en la entrada, y sobre este muelle los nativos, en traje completo o con trajes pequeños, se destacan con grato relieve. Añádase a estos la fruta y el pescado de colores brillantes, que yacen en cestas de todas las formas y texturas elegantes, envueltos parcialmente en grandes hojas verdes, que de por sí sugieren la idea de albergar árboles. Sin pasar por alto, tampoco, el delicado trabajo de concha que se pone a la venta en manos de la campesina más hermosa del mundo; las maravillosas flores; los barcos cubiertos con todo tipo de toldos alegres, con la bandera mexicana en la proa, bailando aquí y allá sobre la esmeralda líquida del mar.

Mira conmigo, lector, en este espejo; entonces tendrás una idea de cómo luce, con el atuendo cotidiano, Acapulco.

"¡Qué encantadoras son estas mujeres mexicanas!", me dijo el doctor del barco mientras nos acercábamos a la orilla. Un grupo que tenía la intención de pasar unas horas en tierra mientras el buen barco Colima tomaba carga y tramitaba el negocio que lo detendría en el puerto por el resto del día. "Bastantes hermosas", prosiguió el doctor, sin dirigirse a nadie en particular, y con su mirada fija en una damisela que esperaba en el muelle, dispuesta a abalanzarse sobre nosotros y convencernos de comprar algunos de sus trabajos de conchas. Se trataba de una corona de stephanotis, elaborada artísticamente en pequeñas conchas blancas, y montada con buen gusto sobre hojas de seda verde. Era una corona para una reina de las hadas.

El doctor era muy joven; de hecho creo que era su primer viaje como doctor a bordo de un barco a vapor. Durante el viaje desde San Francisco había hablado con mucho desprecio de México, los mexicanos y todos sus caminos y obras. De hecho él no podía ver nada admirable además de los Estados Unidos de América, y había repudiado con gran vigor la imputación hecha a menudo por los pasajeros en general, de que Estados Unidos sólo espera el momento oportuno para "anexar" México a los Estados.

"Nada de eso", aseguraba él; "todos están equivocados; los Estados no tomarían el país como regalo. ¡Una tierra que requiere que otras personas señalen sus medios de riqueza e invita a los extranjeros a explotar sus minas y construir sus ferrocarriles! Un grupo de hombres flojos, buenos para nada; y en cuanto a las mujeres...".

"Deténgase allí, doctor", replicó un joven ingeniero inglés, que había embarcado en Mazatlán en camino a unirse a un campamento minero en algún lugar de Guatemala. "Tienes razón de los hombres; pero en cuanto a las mujeres, nada menos que el paraíso puede vencerlas. Estuve en México el año pasado, así que creo saber algo acerca de eso. Repito, las mujeres de México son encantadoras".

Esta opinión fue apoyada enfáticamente por un grupo de estudiantes recién graduados de la universidad en San Francisco. Estos jóvenes, que en la más cosmopolita de las ciudades debieron haber visto muchas damas mexicanas, apoyaron unánimemente la afirmación del ingeniero. Este señor tenía un conocimiento del idioma español, y así, con la alianza de los estudiantes, su posición parecía inexpugnable; pero el médico estadounidense se mantuvo firme.

"¡Paraíso, seguro! ¿Qué tienen que ver con ese lugar? Son demasiado flojos para entrar incluso si las puertas fueran abiertas para ellos. Sin inteligencia, inútiles, no pueden hacer nada más que tocar la guitarra. Una chica estadounidense vale cien de ellos. Y en cuanto a belleza: sucias, piel oscura, ojos negros sin inteligencia. No...".

"Puedo preguntar", interrumpió el ingeniero amablemente, ¿quién es la chica estadounidense que vale medio centenar de, bueno, huríes?

"Ángeles", sugirió uno de los estudiantes. Creo que sospechaba que la denominación del ingeniero podría no ser lo suficientemente sólida.

El profundo rubor en el rostro bastante impasible del médico delataba que la conversación había dado un giro inesperado para él. Felizmente, en ese momento uno de los mayordomos, enviado por su jefe, vino a pedir unas pastillas de quinina. Así que el doctor se fue, pero no sin antes escuchar a uno de la compañía decir: "Los estadounidenses ciertamente tienen sus mujeres bonitas, como otras naciones; pero, ¡Dios mío! Todas tiene voces de pavorreal".

"Eso es una afirmación bastante arrolladora", le respondí al pasajero que lo había dicho.

"Ni un poco", respondió, con toda la dureza de una convicción absoluta; "Esa cosa hermosa en la mujer, 'la voz suave y baja' es completamente desconocida en Estados Unidos. A los niños de las escuelas se les enseña a lanzar sus voces en un tono alto. Es parte de su educación. Uno puede perdonar un poco del pavorreal en una mujer bonita; pero cuando se trata de las normales, uno se estremece cada vez que abren la boca"-

"No lo sé", respondí; "pero de alguna manera no parece estar de acuerdo con los modales bastante amables de nuestro médico el acreditarlo con una fantasía incluso para una chica de voz áspera".

"No lo puede evitar", fue la réplica; "y yo sé bastante bien de lo que estoy hablando".

Esto daba fin a la conversación, en cuanto a mí respecta; pero estaba segura de que el doctor, aunque fuera de vista, estaba lo bastante cerca para escuchar estos comentarios. Para evitar que el asunto volviera a surgir, le pedí a una jovencita de diez años que nos deleitara con algo de música.

Esa presentación tuvo el efecto de hacer que todos salieran del salón a la misma vez; y la siguiente mañana nos llevó al puerto mexicano y a admirar la belleza de las "mexicanas".

En la multiplicidad de sus ocupaciones de día y de noche (porque había un temor de un brote de fiebre), nuestro Esculapio se había olvidado por completo de la guerra de guerrillas de la noche anterior, o no habría exclamado con tanto entusiasmo: "¡Qué hermosas son estas mujeres mexicanas!".

Afortunadamente, su oponente se había sentado en el segundo bote, y así este involuntario aplauso llegó solamente a mis oídos y sobre los estudiantes de San Francisco.

Estos eran tipos bastante bondadosos, y su "burla" era perfectamente inocente, sin ser personal o amarga. Ellos, sin embargo, darían su opinión.

"¡Bien hecho, doctor!", gritó uno que fue llamado Paul por sus compañeros, y que parecía ser su guía; "Una confesión y retractación, todo en uno. Ahora mire, doctor: debe comprar esa corona y, además, debe regalársela a alguna dama que no sea estadounidense. ¿Está de acuerdo?".

"Bueno, ¿y luego qué? Voy a comprar la corona; y además, puedo permitirme decir que me he equivocado. Hay mucha inteligencia en los ojos de esa 'mexicana'. Es una mujer maravillosamente hermosa. Pregunta el precio de la corona y yo la comprare y se la regalaré a una mujer que no sea estadounidense".

Fiel a su promesa, el doctor, ayudado por el joven llamado Paul (que hablaba inglés muy bien), inmediatamente después de desembarcar empezó a negociar con la chica mexicana, ella, de su lado, más que dispuesta. Que aquellos cuyo conocimiento único sobre el trabajo de las conchas se limita a las horribles producciones exhibidas en Brighton, Margate y otras costas británicas, sepan que en su lado del mundo nunca se han encontrado ni nunca se podrán encontrar esas maravillosas producciones de arena, pegamento y mejillón enterrado que constituye nueve décimas partes de lo que se llama equivocadamente trabajo de conchas en los lugares antes mencionados.

Generalmente las conchas de la costa de Centroamérica son exquisitamente delicadas, y casi transparentes. En un lugar llamado Acajutla, hay una playa tan famosa por sus conchas de color rosa que comúnmente se le llama cama de hojas de rosas.

La fabricación de estas flores de concha es una industria predominante a lo largo de la costa, y las mujeres nativas, especialmente las indígenas y las mexicanas, obtienen una gran ganancia de su venta. El arte también es muy practicado por damas de rango superior, y se enseña en las escuelas conventuales. Es cierto que la naturaleza da una generosa ayuda en los matices rosas y amarillos que en estas conchas son notablemente naturales; pero hay que conceder mucho al tacto delicado y al gusto elegante de quienes arreglan estos encantadores ramos.

Habiéndose comprado la corona, no fue difícil adivinar quién la recibiría. Cerca de mí estaba una joven dama irlandesa, quien, junto con su familia, estaba en camino de Japón hacia Nueva York, vía Aspinwall. La madre, que tenía al cuidado a un niño pequeño, me había pedido que acompañara a "Bella" y a su hermana en esta pequeña expedición. En este momento olvidé el nombre de pila de la joven. La llamaban Bella O'h, en todo el barco; y se merecía el apelativo, por ser una chica sencilla e inocente, encantadora en todos los sentidos.

Tres vítores de los muchachos, intercalados con las elogiosas expresiones de "Buen camarada, hombre de buen corazón, de honor", etc., notificaron la extrema satisfacción de los alumnos por este encargo de la compra; mientras que los ojos azul zafiro de la chica brillaban con gratitud mientras le ofrecía calurosamente su agradecimiento. El médico realmente en ese momento recibió la recompensa de la virtud, es decir, si alguna vez la virtud obtiene alguna recompensa fuera de los tratados y libritos.

Un compañero de viaje, que se hacía llamar Cookes, comentó que le gustaban los sentimientos y todo ese tipo de cosas en su lugar. Había venido a Acapulco para ver la cima del distante Popocatépetl, "esa esplendida montaña, señora", continuó, dirigiéndose particularmente a mí, "que tiene su cima cubierta de nubes durante todo el año, y que...".

Aquí intervino el señor Hernández, un español amable y bien educado, que podría pasar por perfectamente cuerdo, si no fuera por la ambición que tiene de convertirse próximamente en presidente de una de las repúblicas centroamericanas. El conocimiento del idioma inglés del señor era limitado, pero había captado lo suficiente para entender que el Popocatépetl estaba siendo mal representado.

"Discúlpeme, su cima no siempre está cubierta de nubes", dijo él, dirigiéndose al Sr. Cookes; "y si queremos verlo en toda su gloria, debemos caminar un poco dentro del país. Con un tiempo tan espléndido, creo que deberíamos poder contar con una vista muy clara".

"¿Conoces el camino?", preguntó el Sr. Cookes, quien hablaba la lengua castellana bastante bien.

"Estuve aquí hace muchos años, pero creo que puedo recordar la ruta; no hay tiempo que perder. Recuerden las últimas palabras de nuestro capitán mientras nos íbamos: 'Si no regresan para las cinco en punto no esperare más, zarparé".

Esta advertencia nos puso en buen estado y, tomando la mitad del camino, nos pusimos en marcha en nuestra expedición. Las calles de Acapulco a medida que se alejan de la costa son montañosas y están llenas de arena y grandes agujeros. Anteriormente se ha intentado repararlos aquí y allá, pero no se tuvo éxito. Algunas casas están muy bien construidas, con pilares de piedra soportando los pórticos, y con amplios asientos de piedra, firmemente empotrados en la pared. Aparentemente no había ventanas de vidrio en el lugar, todas estas aberturas estaban llenas de celosías ligeras, pintadas de un color rojo apagado. En algunos marcos, barras delgadas de hierro, colocadas en diagonal, dejaban entrar aire y luz.

La ventana de la escuela pública estaba así amueblada, y afuera colgaba una gruesa contraventana, que podía cerrarse a gusto, según la fuerza del sol y el resplandor. El aula parecía ser bastante espacioso y limpio, y las paredes muy amplias. Nos asomamos por la celosía de hierro y vimos a los estudiantes ocupados en sus tareas. El profesor se acercó y se inclinó, y a su señal todos los pupilos que estaban sentados se levantaron. Parecía que no era la primera vez que la escuela fuera notada por extranjeros. Unos pocos pequeños amigos asomaron sus cabezas por las barras más bajas; y algunos grandes, que habían salido a la calle, nos siguieron durante una corta distancia mientras seguíamos nuestro camino. Pronto regresaron y se apresuraron hacia la escuela con la velocidad de un venado. ¡Alguien los estaba esperando!

CAPÍTULO II: ESCUCHÉ QUE VA A HONDURAS… ¡SEGURAMENTE ES UN VIAJE TERRIBLE!

Adelante siendo la palabra, rápidamente salimos de la ciudad de Acapulco. Sus alrededores tienen un aspecto cultivado, debido a las hileras de árboles que se plantan a cierta distancia al costado del sendero. En esta época llevaban un ramillete de flores de color malva, algo entre la lila y la hermosa trepadora Wisteria; pero la flor no estaba tan claramente definida y se desmoronaba en la mano al menor toque.

Fue agradable encontrar la rosa de China (¡con un rosa tan hermoso en la mejilla!) Asomando aquí y allá desde un cerco en desgastado. Sin duda este lugar debe ser un jardín abandonado. Un vistazo por una abertura confirmo esto, mientras divisamos varias plantas altas con aspecto de malvarrosa, que llevaban un decidido aire de cultura. Parecían estar en guardia, distrayendo con su llamativo conjunto la atención de los transeúntes de la desolación interior.

Un grupo dotado de mucha vida y charla generalmente viaja rápido, y atraviesa una buena extensión de terreno y tiempo a una velocidad casi imperceptible. Ciertamente este era nuestro caso mientras avanzábamos, admirando los picos y alturas por las que se cruzaba la distancia cercana, y quejándonos un poco cuando el ascenso se hacía más abrupto y el camino más accidentado. Muy pronto, las rocas de granito y su compañero habitual, el cactus enano, se destacaron en la escena; también las chozas se habían vuelto más escasas; estas eran poco más que postes desnudos, con su techo compuesto de pieles sucias y hojas de palma. Luego, la desolación total: pues nada vivo, excepto una gran liebre, que se precipitó hacia una maleza en el fondo, daba evidencia de que cualquier cosa creada existiera aquí.

Fue una gran sorpresa para mi cuando escuché que este animal era una liebre. "Es muy grande y negra", comenté.

"Hace años, cuando baje de un barco mercantil, este lugar estaba invadido de liebres. Recuerdo que formamos un grupo para ir hacia el interior y dispararles. En su mayoría eran grandes, y la carne era muy áspera", contestó el Sr. Cookes.

"¿Has estado aquí antes?" preguntó Bella O'h.

"He estado casi por todo México y la costa", respondió el Sr. Cookes; "pero solo he estado en la costa de Acapulco el día al que me refiero, y eso fue hace veinte años".

"Así es como aprendiste a hablar tan bien el español", dijo la misma joven.

"Si, lo practiqué en México; pero aprendí la lengua en España, en el viejo país. Cuando era muy joven me enviaron a una oficina de contabilidad de Cádiz; pero pronto me cansé de eso y me volví marinero".

"¿Entonces conoces todo acerca del Popocatépetl?", continuó Bella.

"No, no me interesan las montañas; he visto muchas. Dicen que esta es la más alta de América; pero solo es, después de todo, un volcán inactivo".

"Doctor", dijo ella, volteándose y hablándole con un aire de confianza, "usted sabe algo sobre esta montaña. ¿Por qué se habla tanto de ella y de donde obtuvo su espantoso nombre?".

"Obtuvo su espantoso nombre en tiempos muy remotos", replicó el caballero, "no puedo decirte cuando, pero se llamaba así cuando los españoles invadieron México y conquistaron este país. Popocatépetl significa 'Monte que humea'".

"¿Ya no humea?".

"No, pero en el tiempo de la invasión a la que me refiero estaba en pleno funcionamiento; y la erupción fue tan terrible, y duró tanto, que los indios creyeron que era el presagio de la destrucción de su ciudad. Deberías leer 'La conquista de México', de Prescott. Aprenderás mucho más en esa obra que de mi".

"¿Prescott es estadounidense?".

"Si", respondió el doctor orgullosamente; "y sus escritos son aceptados como obras canónicas en todo el mundo civilizado. Si prefieres a un lector inglés, lee a Robertson".

"En realidad no", replicó la chica rápidamente, "ustedes los estadounidenses son tan delicados. Solo pregunté de que nacionalidad era Prescott para satisfacer mi propia ignorancia".

"Vengan aquí, todos ustedes", gritó una voz desde enfrente; el propietario estaba encaramado en una loma elevada un poco a la derecha, y aprovechaba la altura para mirarnos con aire de descubridor. Era el estudiante Paul.

Nos apresuramos a obedecer. Los otros estudiantes ayudaron a las mujeres, el español me ayudó a mí, y yo jalé al Sr. Cookes, que estaba cojo, con mi mano suelta, el doctor lo empujaba por la retaguardia.

Nos quitamos el sombrero, los gritos y una danza de guerra improvisada por parte de los estudiantes anunciaron que estábamos en presencia del Popocatépetl, es decir, en lo que a la vista se refería. En realidad, estaba a muchas, muchas leguas de distancia.

A lo lejos, cierto; pero bien discernimos este magnífico pico, que se dispara como un monolito recto y justo hacia las nubes. ¿Era su forma irregular? ¿Tenía heridas abiertas negras de ceniza y quemaduras y desfiguradas por el humo? El rico y suave manto de nieve cubría todo esto; y tropas de conos más pequeños a lo largo y ancho, más sobrios en sus tonos más grises, se agruparon a su alrededor para ocultar sus cicatrices y su poder para el mal. Desde el punto de donde lo vimos, él era el gigante grande y hermoso, e ignoramos las destrucciones que había causado.

"Que no despierte", rezamos; porque si su mano lo soltara, ¿quién puede decir qué miserias traerán sobre la tierra los fuegos reprimidos de un siglo?

Unas miradas anhelantes, detenidas, ¡y bajamos a la carretera que nos llevará de regreso al pueblo! Nuestras lenguas están libres, porque la extraña escena solemne había sometido a los más jóvenes al silencio.

Ahora todos estallamos en alabanzas y nos admiramos intensamente por emprender esta peregrinación. Dentro de poco decimos que estamos cansados, y todos confesamos que tenemos mucha hambre y sed.

El bueno señor Hernández está a la altura de esta situación.

"Tengo un viejo amigo", dice él, "cuya hacienda está muy cerca de la ciudad, no nos desviaremos mucho del camino. Si él no está en casa, algún familiar estará. Son gentiles, hospitalarios, y nos darán la bienvenida".

"Pero somos muchos", le recordó uno de nuestro grupo al señor Hernández.

"No es problema; hay mucho espacio, y mi amigo es un español puro". Esta última expresión significó muchas cosas; entre las cuales se encontraba la declaración de que no había mezcla de sangre indígena en la composición del amigo del señor Hernández; otra, que un verdadero español nunca se queja del número de sus invitados.

Así que fuimos a la hacienda del señor don Cándido, y entramos por un portón roto a un pedazo de tierra, mitad cafetal, mitad jardín, y todo un páramo; flores brillantes aquí y allá, la mayoría de tallos altos. Me recordaron un poco a algunas doncellas atrevidas que he visto, que estaban decididas a no ser pasadas por alto.

Un edificio largo y bajo se encontraba en el centro de este recinto; y en ese momento salieron hombres, mujeres, perros, ilimitados en número a medida que aparecían, seguidos por un muchacho muy guapo que llevaba una pistola en la mano. Después de introducirnos, nos sentamos en la ancha veranda, la cual es generalmente el lugar de reuniones sociales en estas casas españolas. Algunas hamacas con hermosas redes y algunas de césped liso estaban colocadas entre los varios postes de la veranda. De una de estas se asomó una cabeza, y rápidamente se escondió de nuevo.

"Solo es Pepita", dijo la señora de la casa. "¡Pobre Pepita! Corre demasiado. Sigue durmiendo", dijo refiriéndose al bulto en la hamaca, "estas buenas personas te excusarán", y columpió la hamaca, lo cual, supongo, envió a Pepita a la tierra de Nod, pero que efectivamente despertó a un loro enfadado que había estado reposando con su ama, y que salió volando de su recinto, y sin la menor provocación se dirigió directamente hacia mí y trató de morderme los pies. Al fallar en esto, el pájaro se aferró a mis faldas e intentó trepar probando carne europea; y como las chicas O'h tenían miedo de tocarlo, tuve que ponerme de pie y arrojarlo lejos de mí. Justo entonces, el joven guapo, llamado Jaime (pronunciado Ha-ee-may, en inglés, y es el castellano de nuestro feo y abrupto "James") se dio cuenta de lo que estaba pasando y procedió a detener a la molestia del loro, ya que se dirigía a mí de nuevo.

Don Jaime dejó el poste de la veranda en el que se había apoyado mientras charlaba con el señor Hernández y sacó de un rincón una vara de bambú larga y muy delgada. Con esto le administró cuatro o cinco cortes bruscos en el lomo y las alas del ave, reprendiéndola mientras lo hacía como si hubiera sido un niño en corrección.

"¡Ah, Marquita traviesa! Toma tu azote, esto es para enseñarte modales. ¡Pájaro malvado! ¡Cómo te atreves a intentar morder!"

Nunca había visto un pájaro siendo azotado antes; y temiendo que pudiera hacer algo malo, le rogué al joven que se detuviera.

"Hay que domesticarla", respondió el muchacho, desistiendo de inmediato; "Ella es de una especie muy fuerte, y su temperamento es el del demonio. No, no la lastimaría; sé cuánto corregirla".

Todo este tiempo el pájaro gritaba y chillaba como un verdadero demonio, y voló al techo de la veranda, dando grandes círculos sobre la cabeza de don Jaime, haciendo como si lo fuera a atacar con todas sus fuerzas. Evidentemente, la vara de bambú fue un factor en el caso; y finalmente voló hasta un rincón y se contentaba con emitir de vez en cuando algunos sonidos peculiares, que posiblemente podrían ser groserías de pájaro.

El grupo en el otro extremo de la veranda siguió hablando tranquilamente, y ni siquiera pareció darse cuenta del alboroto que esto había ocasionado. Supongo que por estos lugares no es correcto gastar fuerzas innecesarias al sorprenderse.

Se nos dio excelente fruta y café, y al mismo tiempo se ofrecieron cigarros a todos los que quisieran. La dueña de la casa me ofreció el suyo, primero encendiéndolo y dándole dos o tres bocanadas mientras lo hacía. Esta es la forma más elogiosa de ofrecer un cigarro, y lamenté que los prejuicios naturales y nacionales me obligaran a rechazar esa cortesía. La anfitriona pronto encontró un destinatario agradecido en uno de nuestros compañeros de viaje, y luego ella y sus hijas fumaron tanto como tres taxistas de Londres.

Las chicas O'h propusieron dar un paseo por el jardín, y el guapo Jaime dejó su café y nos atendió. Arrancó unas hermosas rosas de China y, colocándolas sobre un fondo de tallos de cafetos cargados de bayas, hizo tres ramos hermosos y únicos. Este joven caballero nos dijo que él era sobrino del dueño de la casa, y que en este momento estaba de visita en Acapulco. Todos quedamos muy impresionados con la apariencia del joven, y sus modales amables e indiferentes eran realmente encantadores.

"¡Que grosero sería el joven británico de la misma edad en esta posición!" me dijo la mayor de las chicas O'h mientras caminábamos detrás de los demás. "En su mente él desearía que estuviéramos todos en Japón sufriendo de extrema miseria".

"Es cierto", respondí, "pero recuerda, cuando el muchacho británico común llega a la madurez, generalmente permanece en la plenitud de la fuerza y la virilidad durante muchos años. Cuando Lubin tenga cincuenta, Antonio parecerá, y probablemente se sentirá de sesenta y cinco. A las mujeres españolas, ya sabes, se les considera viejas a los treinta; pero están formadas y hermosas a los quince".

"No entiendo por qué debe ser así", continuó mi joven amiga.

"Yo tampoco. Supongo que es en cierto grado un cumplimiento de la doctrina de la compensación".

"¡Ah! Esa es la teoría favorita de mi padre, ¿no lo sabes?".

"No, querida Hibernia, no lo sabía; pero estoy de acuerdo con tu padre. Confieso ser una gran creyente de la doctrina de compensación".

"¿Has tenido alguna compensación en tu vida por tus problemas pasados? Ninguno de nosotros lo ha hecho, y papá se ha quedado sin mucho dinero", dijo la chica.

"Yo también, pero la compensación quizá no venga en la manera que esperamos. Buena salud, felicidad, casarse, querida, en tu caso, y no casarse en el mío, quizá sea una compensación por la pérdida de dinero".

Así prediqué; la chica de buen corazón sujetó mi brazo y dijo que ella solo deseaba que yo tuviera buena fortuna, y que pudiera terminar mi viaje con ella y su familia. Esto no podía pasar, pues las O'h estaban de camino a Nueva York.

Ahora reunimos nuestras fuerzas, porque debemos estar de regreso en nuestro camino hacia el barco. Faltaba el médico. Alguien supuso que ya había regresado al barco. Sin embargo, decidimos por unanimidad que aparecería en alguna parte; y luego todos nos despedimos, habiendo disfrutado de nuestro sencillo y cordial entretenimiento.

"¡Ah! Ahí está, doctor; no sabíamos que había pasado con usted", exclamó el Sr. Cookes, cuando vio a ese caballero sentado en un escalón ocupado revisando el contenido de un artículo que parecía una caja de velas. Pensábamos que había regresado por un metal mucho más atractivo: la trabajadora de conchas mexicana".

"Pensaron mal, entonces. Me desvié del camino para buscar algunas plantas marinas, pues aspiro a ser un pequeño botánico. No tenía la menor idea de adonde habían ido ustedes, así que caminé directo a este lugar, pues tendrían que pasar por aquí para ir al muelle".

"Este lugar" era una tienda grande y bien abastecida de maravillosos artículos de colección, administrada por un inglés. Quería unos grandes pañuelos blancos con los que cubrirme los hombros durante el viaje propuesto, ya que la parte posterior del cuello, en la unión de la cabeza con la columna, es la parte que debería cubrirse con más cuidado incluso que la cabeza misma de una quemadura del sol.

Las chica también querían los pañuelos más alegres que pudieran encontrar, para recordar a México cuando llegaran a casa.

Nos proporcionaron lo que necesitábamos a un precio excelente. El comerciante debe haber ganado un cuarenta por ciento en promedio con nuestra compra.

"Pagamos muy alto por el privilegio de tratar con un compatriota", remarcó el Sr. Cookes. "Los franceses, griegos y españoles ciertamente sangran a los extranjeros con bastante libertad, pero está reservado a los ingleses de todo el mundo cobrar de más y estafar a los de su propia nación. Otros pueblos son considerados con los suyos, pero nosotros estamos por encima de la debilidad de hacer alguna excepción".

"¿De verdad?".

"Esa es mi experiencia en estos países. Puedo estar seguro de que las peores personas que se pueden encontrar en cualquier parte del mundo son los blancos bajos", continuó el Sr. Cookes. "Sacan todo lo que pueden de los nativos y luego, en algunos casos, se van a casa y no pueden hablar de la maldad de los paganos"

Esto es cierto en cierta medida, como sabía por experiencia en las Islas Fiyi y por declaraciones de amigos en los que podía confiar.

Al regresar en bote a la embarcación, me encontré nuevamente sentada cerca del doctor. Me pidió que le diera un tallo de las bayas de café.

"Los quiero", dijo él, con un poco de vacilación, "para una 'maestra de la escuela'. Ella es una buena chica, y, aunque es estadounidense, tiene la voz baja y suave tan hermosa en la mujer". Aquí el doctor parecía muy valiente, como si no quisiera retroceder ni un centímetro de lo que había afirmado.

Le di el tallo de las bayas de café, y junto con él mis rosas más finas. "La 'maestra de la escuela' será la esposa del doctor algún día, estoy segura", dije, dándole la mano. "Ahora, seque esa rosa, y en algún momento lejano podrá encontrarla y recordar nuestra pequeña excursión en Acapulco".

El buen caballero apretó mi mano y solamente dijo: "Sí; este ha sido un día de letras rojas".

"Que te vaya bien. Adiós".

El bote había tocado la escalera del barco y el doctor, después de colocarme en el escalón inferior, subió rápidamente a cubierta. Así desapareció de mi vista, probablemente para siempre, uno de mis agradables amigos viajeros.

El capitán estaba de pie arriba mientras subíamos. "No he tenido tiempo de decirle mucho", dijo él, dirigiéndose a mí; "pero escuché que va a Honduras. ¡Seguramente es un viaje terrible para que haga sola!".

"No le tengo miedo a un poco de dificultad", dije, quizá con demasiada confianza. "Soy la hija y hermana de soldados ingleses, y mi crianza nunca ha sido lujosa. Las circunstancias de los últimos años me han obligado a depender de mí misma".

"Me sorprendió", continuó el capitán, "que sus familiares le permitieran ir".

"No tengo relaciones cercanas, y voy para formar mi propia casa. Todos tenemos problemas, capitán; no me desanime. Hasta ahora me ha ido muy bien, y el mundo en general es amable con las viajeras solitarias".

"Sí, el mundo civilizado". Aquí el capitán sacudió su cabeza.

Me giré para responder a un llamado. El orador era un mayordomo. "El Sr. Smith me envía a pedirle que recoja sus cosas, por favor, que el barco estará listo en veinte minutos para llevarle a bordo del Clyde".

Miré mis rosas y mi hermoso ramo de café y se los entregué en silencio a la señorita O'h más joven; pues, a decir verdad, yo iba a despedirme y dejar a estos amigos de unos días "para siempre y un día", como dice el refrán. Sí; allí estaba el barco junto al Colima, el barco a vapor que habíamos visto en el puerto antes de desembarcar. Se llamaba Clyde, era más pequeña que el Colima y muy lento.

Este buque llevaba todo el día recogiendo y descargando cargamento, y ahora estaba listo para recibir al último de los pasajeros del Colima que se dirigieran a los puertos intermedios. La futura misión del Colima era precipitarse a Panamá sin interrupciones; mientras que el Clyde iba a holgazanear tranquilamente a lo largo de la costa, detenerse en todos los puertos y echar anclas todas las noches desde la puesta del sol hasta la salida del sol.

"¿Por qué?", le pregunté al Sr. Smith, el mayordomo principal, el más amable y cortés, dondequiera que los demás puedan estar.

"La navegación es particularmente peligrosa por la costa, y en algunos lugares el agua es muy poco profunda y abunda en cardúmenes. Los barcos a vapor siempre se detienen por la noche. El viaje allí será muy tedioso, y el calor terrible, ya se dará cuenta", respondió el Sr. Smith. "No se asuste con los relámpagos. Es muy alarmante para un extraño, pero pronto se acostumbrará a eso. Esta es la temporada de relámpagos".

"Hemos tenido bastantes desde que dejamos San Francisco. ¿Será peor mientras más vayamos hacia el sur?", pregunté.

"No; pero pensará más en eso mientras estemos quietos. Menciono el asunto para asegurarle que nunca he escuchado de alguna embarcación siendo golpeada por un rayo; y aunque dicen que los objetos en movimiento tienen menos riesgo, los rayos en la costa parecen respetar a los barcos anclados".

"¿Se están cambiando más pasajeros al Clyde?", inquirí.

"Un pasajero de tercera clase, un caballero en todos los sentidos de la palabra. Sólo llega hasta La Unión, pero está dispuesto a serle útil si puede. Lamento decir que la terrible 'dama', La Sra. C., y sus hijos serán sus únicos compañeros. Los transferí al otro barco hace tres horas y se han estado quejando desde entonces. Por cierto", continuó el Sr. Smith, con su risa afable, "el capitán del Clyde tiene un miedo terrible de cómo pueda ser usted, ya que estos C son los únicos ejemplares que tiene de los pasajeros del Colima, ¡y la Sra. C. habla de su amiga la inglesa!".

Solo he hablado con ella una vez. Ella era poco gentil, y sus modales y apariencia eran muy desafortunados. Su dureza con uno de sus hijos, y la forma descarada en la que había informado a los pasajeros en general que había salido endeudada y eludido a sus comerciantes en San Francisco, habían provocado que no nos gustara mucho.

Descubrimos que su esposo era capitán de una mina en algún lugar de la costa de Guatemala, y que ella y su familia iban a unírsele. De acuerdo a lo que ella dice, había dejado San Francisco disfrazada; pero varias discrepancias en su narración me llevaron a pensar que ella prefería que la tomaran como vagabunda en lugar de pasar por alguien de quien no había nada en particular que decir.

Aquí están, el bote y el Sr. Smith esperando para transferirme al Clyde. Él trae en sus manos una copa de champaña, que es enviada, dice "con los halagos del Colima". Las O'h y los estudiantes se despiden con toda la bondad de su naturaleza; y el señor Hernández, gentil y modesto, me dice que no lo haga esperar, que viene a bordo conmigo para presentarme al capitán. Y así me voy, con una bendición en mi corazón por estos amables extraños. Esto fue todo mi adiós, pues no podía hablar. *¡El buen Dios los guarde muchos años!*

CAPÍTULO III: "SAN PEDRO SULA ES UN LUGAR HERMOSO".

El pasajero de tercera clase descrito por el mayordomo como un caballero completo ya estaba sentado en el barco que nos llevaría a bordo del Clyde. Vi de un vistazo que era uno de los hijos de Britannia, muy pobre, tal vez, pero con ese inconfundible aire de "raza", que ni la riqueza, ni siquiera la educación, han logrado imitar con éxito. El verdadero sello del caballero de la naturaleza, el mejor de todos, es innato. Este compañero vagabundo nos ayudó a sentarnos y luego intercambiamos algunas palabras mientras nos llevaban a nuestro nuevo barco. De esto deduje que este pasajero se dirigía a las minas de Guatemala; y agregó a esta información una declaración de su determinación de nunca poner un pie en Inglaterra a menos que regresara rico, o al menos independiente.

"Voy a trabajar como minero", continuó este joven, con gran decisión, "le guste a mi familia o no. Me enviaron a hacer mi camino lo mejor que pudiera en las colonias; y debido a que no pude ser empleado en una oficina en el momento en que llegué, se supone que estoy inactivo y todo lo demás; así que voy a hacer mi propio camino y tomar el trabajo que se me ha ofrecido de este lado".

El Sr. Smith, que estaba sentado del lado opuesto, escuchó todo esto, y después dijo: "Señor, viene de Sidney ¿verdad?".

"Sí; trabajé mi pasaje a Frisco, y ahora estoy en camino a unirme a un campamento minero".

De lo que sucedió más adelante, descubrí que este joven era solo uno de los muchos que sufren de los extraordinarios delirios bajo los cuales muchos padres de familia, tíos y madres viudas de nuestra nación trabajan con respecto a la demanda y oferta de mano de obra educada en las colonias. En términos generales, cuando un joven caballero traiciona, o ha traicionado, una propensión a gastar demasiado dinero, o no puede conseguir lo que se llama un empleo elegante en casa, o tal vez se ha cometido en un acto de fechoría grave, siempre hay algún tonto que sugiere su envío a las colonias. Si da su consentimiento para entrar en el servicio agrícola o doméstico, para aprender un oficio o emprender cualquier trabajo manual, bueno, déjenlo ir. "Pero no", dice el padre de familia; "Dick ha tenido una buena educación, debe ir como un caballero. Lo que ha aprendido en la oficina aquí le bastara para colocarlo inmediatamente; y Crammer, el agente de migración, me asegura que se proveerá de inmediato de trabajo a los jóvenes en las colonias". Y así, tal vez con una presentación respetable, y mucho más a menudo sin ninguna, se envía a un joven esperanzado o desesperado. Quizás hace algunas preguntas en su viaje y se queda con aquellos que solo notan los éxitos.

"¡Mire que tan bien le ha ido a MacWuskey y O'Scamp! Ellos llegaron a las colonias sin ninguna libra, señor".

Muy cierto hace cuarenta años; pero ahora los días han cambiado, y el campo, por lo menos en los viejos pueblos, están llenos; además, los hijos de los colonos deben tener sus entradas.

Así es como, cuando Dick y Tom Clerk, de Londres, llegan por primera vez a Sídney, por ejemplo, caminan, pobres compañeros, día tras día, de oficina a muelle y de muelle a tienda, buscando trabajo con toda honestidad y sin encontrar ninguno. En algunos casos reciben promesas, pero en general se les recomienda que se vayan al monte; y en unos pocos casos son rechazados con brusquedad y se les pide que no molesten más. La desesperación, al ver menguar sus escasos recursos, los lleva a invadir las oficinas del gobernador, el inspector de policía y el agente de inmigración. Todos y cada uno de ellos harían todo lo posible por ayudar, pero ya tienen una lista de solicitantes tan larga como su brazo. La respuesta a las solicitudes de empleo siempre es la misma: "Debes esperar. Intentaré ayudarte, si puedes quedarte aproximadamente un mes; si no, te recomiendo ir al monte lo más pronto posible".

Allí está; Clerk no puede esperar. Él fue enviado muy poco dinero, y la mayoría lo ha gastado en necesidades diarias. Ahora irá al monte, pero no puede pagar la tarifa del tren.

En nueve de cada diez casos, la familia del empleado nunca ha proporcionado un chelín para que pueda sobrevivir hasta que encuentre trabajo. Tan arraigada está la idea de que un hombre puede conseguir trabajo en la oficina de un comerciante (está es la visión favorita) en el momento en que llega de Australia, que rara vez se piensa en llevar provisiones para un mes.

Por eso, la familia se siente muy agraviada cuando se enteran de que Dick está transportando carbón en un muelle y que Tom está arreando ganado en Tumbarumba.

¡Ah! Que tan seguido llega la noticia de que uno está muriendo en el hospital, dependiendo de la benevolencia de un ciudadano y una hermana de la misericordia; y que el otro, al no encontrar empleo, ha desaparecido, ¡nadie sabe dónde!

Nuestro barco se está meciendo, pues tenemos que esperar hasta que una *barca* desde la orilla, que está descargando fruta, se mueva. Esta conversación está en griego para el señor Hernández, pero él sonríe afablemente y le dice al joven que se puede hacer mucho en las minas. Esto es lo que ha reunido el señor.

Aquí el Sr. Smith pregunto si la policía montada de Sídney era un cuerpo eficaz de hombres.

"Muy eficaz", contesté, "la fuerza está formada principalmente por hombres jóvenes que originalmente emigraron con la intención de llenar diferentes posiciones. Están bien, porque el inspector de policía se interesa mucho por aquellos que entran alegremente a su trabajo, y siempre contrata a hombres aptos cuando puede. La policía montada, sin embargo, tiene sus límites y no puede considerarse un refugio para los indigentes. Le recomiendo fuertemente a cada hombre que emigre a las colonias a que aprenda un negocio, o que siga alguna labor manual. Los secretarios y maestros de escuela abundan allí hasta la saciedad, y no es prudente ni honesto aconsejar a uno que aumente el número".

"Está en lo correcto", contestó el pasajero de tercera clase, "¿supongo que ha tenido algo de experiencia en el asunto?"

"La triste experiencia de ser abordada por el hijo de más de un caballero pidiéndome unos cuantos chelines para poder comprar una comida".

"Esto debe ser a menudo el resultado de su propia imprudencia", dijo el Sr. Smith.

"En algunos casos, desafortunadamente; pero la mala gestión y la ignorancia por parte de las personas en el hogar tienen que ver con esto. Si no se puede confiar al muchacho con dinero, ¿por qué no lo envían los padres a un banco o a una persona responsable? Esto, me han dicho, se ha instado tanto en público como en privado. Sabe tan bien como yo que el destierro a las colonias ha sido el remedio favorito de los que no lo hacen bien en casa. Felizmente, las colonias ya no tolerarán nuestros chivos expiatorios e incapaces; pero, al principio, no se puede conseguir trabajo ni siquiera para los más merecedores".

Ahora se nos hace espacio y subimos la escalera hacia el Clyde. El Sr. Smith tiene algo que decirle a su compañero en el barco. Escuché más tarde que era una orden para que me cuidara. Un chino vino a decirme que mi equipaje estaba en el camarote número 2, que será solo para mí. Esta última noticia es muy agradable, y me consuela también cuando veo que el número 2 es un camarote de cubierta y que la litera está amueblada con cortinas blancas. Esto me permitirá mantener la puerta abierta durante la noche. La Sra. C. y sus hijos ocuparán el número 1, por lo que tendré suficiente compañía sin demasiada proximidad.

La puesta de sol ha terminado, y el señor Hernández y yo nos sentamos en un banco y miramos los relámpagos. Se ha vuelto algo común; y los dos admiramos esta maravillosa característica de las noches en esta costa con gran interés. Recuerdo que hablamos de la vieja España, y mi buen amigo se maravilla de enterarse que soy hija de un oficial que peleo por ese país en la última guerra peninsular. Ahora el Sr. Smith viene a despedirse y a llevarse a este amable caballero. La despedida se acaba rápido, me meto a mi camarote y me convierto en "Soltera" nuevamente.

La hora correcta para levantarse en el mar de Centroamérica es a las 4 de la mañana. Después de una noche de mucho calor, me acababa de quedar dormida cuando el barco zarpó del puerto; diez minutos después me despertó una sucesión de chillidos. La causa resultó ser la Sra. C. corrigiendo a uno de sus hijos con una correa; y así mi intención de quedarme en mi litera se vio completamente frustrada, en lo que respecta a dormir, porque, para ahogar los gritos del niño, la hermana mayor había comenzado una serie de melodías lúgubres en un acordeón. Sam el chino, que me había traído una taza de té, estaba terriblemente escandalizado.

"Muy mala suerte", remarcó él, mientras me entregaba mi té por la ventana que daba a la terraza. "Caballeros del otro lado, insulta terriblemente por el ruido, y yo no me extraña. ¡Ay! Espera hasta que capitán venga a cubierta, pronto verá. Vuelvo pronto". Supongo que esta última promesa se refería a traerme más té, ya que mi amigo salió disparado como una flecha al sonido de una voz que preguntaba por el "maldito Sam" en un tono poco agradable.

Había pocos pasajeros presentes a la hora habitual del desayuno, y de ellos solo yo representaba a las mujeres. Los llamados caballeros eran todo menos atractivos. Todos comieron y bebieron en silencio, comían con sus cuchillos, y nunca tuvieron la amabilidad de pasarme una sola cosa en la mesa. Ciertamente sabían cuál era el oficio del mayordomo de mesa y, concluyo, no les importaba interferir con ello. El capitán, de quien había oído informes muy favorables, estaba enfermo y confinado en su camarote.

Aquí estaba una de las variedades de viajar con toda la energía; pero no podemos tener todo *color de rosa*; y como ninguna compañía es mejor que una compañía poco agradable, me acurruqué en un rincón sombreado de la cubierta, cuidé al gato del contador y leí "Veinte mil leguas de viaje submarino" de Julio Verne. Si algo me distraía era el recuerdo del Colima y sus marineros; pero los cuadernos de mis primeros días me recordaron que las comparaciones son malas; entonces me esforcé mucho en poner todo menos el presente fuera de mi mente y, de cierto modo, lo logré.

Un día y una noche se certificaron mutuamente con regular monotonía, el calor se hizo más intenso. Por fin llegamos a Puerto Ángel. El puerto presenta una costa fina y audaz, pero tiene la reputación de ser extremadamente insalubre. Una enorme anciana de color abordó aquí: fue todo un trabajo conseguir que la subieran por el costado. Esta fue la primera y última vez que la vi, cuando fue directamente a su camarote y permaneció allí hasta que desembarqué en Amapala. La acompañaba un sobrino, que parecía muy nervioso y tímido; por lo que no fueron una gran adquisición.

Un error ridículo me había causado náuseas en este día. La Sra. C., que me trató muy cortésmente, me pidió que compartiera una botella de agua mineral con ella, ya que ambas la veíamos como una especie de efervescente, como limonada o soda.

Por supuesto, el chino que la había traído no dio explicación. La Sra. C. dividió el contenido de la botella en dos vasos, y las dos bebimos una buena porción de la decocción más abominable que jamás probé, de un trago. Bajamos los vasos al mismo tiempo y nos miramos fijamente.

"¿Qué me has dado?", por fin pude decir.

"¡Es veneno! ¡Estoy segura que es veneno!", chilló la Sra. C. "¡Sam, chino tonto, ven aquí en este momento! ¡¿Trajiste veneno aquí?!".

Sam no estaba cerca; pero uno de los hasta ahora tontos pasajeros masculinos iba pasando, y abrió la boca en sorpresa.

"No han estado bebiendo esto para saciar la sed ¿verdad?", dijo mientras levantaba un vaso.

"Sí, pensábamos que era una bebida refrescante".

El hombre no pudo evitar reír. ¿Quién podría? Esta bebida era una medicina fuerte (sales Epsom diluidas y algo más) clasificada entre los remedios del barco para los ataques biliosos y otras dolencias.

Habíamos tomado suficiente para cuatro personas y, naturalmente, esperábamos sentir los efectos de la medicina de manera severa.

"Si hubieran querido protegerse de la fiebre, no podrían haberlo hecho de mejor manera", continuó nuestro interlocutor. "Les aconsejo comer mucho y evitar el té y las sopas por uno o dos días". Diciendo esto, dio media vuelta y tuvimos la satisfacción de escucharlo reír como un demonio mientras bajaba al salón.

La Sra. C. arrojó la botella de agua mineral al mar y pidió un poco de brandy. Tomamos alrededor de una cucharadita cada una y, después de todo, no estábamos muy enfermas. Posiblemente la dosis fue buena para nosotras; pero creo que ambas nos "retorceremos" hasta el final de nuestras vidas ante la mención de agua mineral.

Al ser el día siguiente el "glorioso 4 de julio", debe haber algún reconocimiento del evento. Temprano en la mañana, el horrible acordeón de las chicas C. estaba en pleno juego; el sobrecargo seguía el ejemplo del otro, hasta que casi todos nos volvimos locos con el ruido, porque la música se había complementado con fuegos artificiales, y a estos se sumaban gritos humanos.

Afortunadamente, el capitán, aunque estadounidense, no apreció esta forma de celebrar el día de glorificación nacional. Poseía un gran gusto y refinamiento, y haría una cosa bien, o la dejaría en paz; así se puso fin a estas alegrías y se sirvió una muy buena cena en el salón en honor del día. El capitán C. era un hombre notablemente apuesto y agradable; y siempre lo considero mi modelo estadounidense. Por supuesto que hay muchos de ellos, pero hasta ahora no he tenido la suerte de conocerlos.

Tres días pasaron fatigosamente, ya que el calor del día se había vuelto más opresivo; era un tipo de calor sordo y enfermizo, que parecía penetrar a través del sistema y absorber toda la fuerza. El aire del mar y una violenta tormenta que tuvo lugar una noche nos mantuvieron vivos.

Nos detuvimos en uno o dos puertos; los pasajeros iban y venían, uno, dos y tres, dependiendo el caso. Los niños C. se volvieron tan insoportables con el pasar de los días, que no pude evitar sentir compasión por la madre. Para mantener a estos revoltosos en silencio, los oficiales del barco les dieron naranjas, nueces y otras frutas, en cantidades ilimitadas. Los montones de cáscaras, pieles y otros escombros en las puertas de nuestros camarotes atestiguaban la justicia que se hacía con estos refrigerios, y Sam el chino tenía que venir y barrer "dos veces al día", como si estuviera limpiando después de una piara de cerdos. Este cargo adicional, se puede suponer, no aumentó su admiración por esa familia.

Fue un gran incidente en nuestro viaje cuando llegamos a un pequeño puerto, cuyo nombre no está en mi diario, para ver un bote salir de la costa, trayendo hacia nosotros dos pasajeros, algunas balas y un montón de cocos. Estos últimos fueron el atractivo especial, porque nada apaga la sed más rápidamente que el agua que contiene el coco antes de que se convierta en leche y grano. La reserva de cocos de la nave estaba agotada; y no solo estábamos agradecidos de ver un nuevo suministro, sino que nos hicimos a la idea de que podrían estar frescos.

Un desbloqueo de la puerta de u camarote desocupado al otro lado del mío anunció que íbamos a tener un nuevo vecino. Sam nos informó que lo iba a ocupar un señor que estaba enfermo, "muy mucho enfermo. Espera en el bote ahora, tiene propio sirviente; espera más hombres para subirlo"

La Sra. C. se sobresaltó violentamente ante esta información. "¿Está muy enfermo?", exclamó. "Di la verdad, Sam, él tiene la fiebre, sabes que la tiene. No me contradigas; no puede ser nada más que la fiebre".

"No, nada de eso, señora", respondió pacientemente. "¿Él tener fiebre? No, no; ¡capitán sabe más; capitán no dejar fiebre aquí!".

Había algo de razón en esto; y aunque la Sra. C. había respondido: "Entonces se convertirá en fiebre", mis temores se disiparon instantáneamente. Recordé que tan estrictas eran todas las precauciones tomadas a bordo ante cualquier sospecha de "El Vómito" como es llamada la terrible fiebre amarilla de estas costas. Sin embargo, una familia de cinco hijos justificaba totalmente la alarma de la Sra. C.

Al poco rato, un forcejeo y un arrastrar de pies se acercaron a nuestros aposentos, y al hacernos a un lado, cedimos el lugar a un caballero enormemente corpulento, que estaba apoyado en el brazo de su criado. Detrás de ellos venía un marinero con un baúl y un saco de lona, atado en el medio como una bolsa de correo, sin el sello. Sam se lanzó al frente para mostrar el camarote.

El señor era británico sin duda alguna. Iba vestido con un traje de lino blanco y un turbante largo colgaba de su sombrero verde. Su rostro estaba espantosamente pálido y su cabeza descansaba sobre el hombro de su sirviente. Evidentemente, estaba sufriendo mucho y parecía casi insensible. Mientras lo miraba, se me ocurrió que podría haber tenido una insolación.

El sirviente llevó a su amo a su camarote, y uno de los oficiales del barco vino a ayudar a meter a este robusto caballero a su cama. El sirviente, que era *ladino* (mezcla de español e indio), solo era un muchacho de diecisiete años a lo mucho, y debía ser incapaz de manejar el solo a tal hombre.

Durante la cena, el capitán C. me dijo algo acerca de este nuevo pasajero: "Él está viajando" dijo, "para una empresa en Nueva York y, como la mayoría de los hombres aquí, está buscando minas".

"Parece estar muy enfermo", dije.

"Oh, se le pasará durante la noche. Simplemente está sufriendo de vértigo por la exposición al sol y, además, por tener una rabia terrible. ¡Estuvo de pie bajo el calor hirviente durante unas dos horas disputando un cargo sobre su equipaje! El oficial de la aduana subió a bordo con él para explicarle cómo parece estar tan enfermo. Es un milagro que haya escapado de una insolación. ¿Quieres un poco de curry? Está muy bueno".

Tomé el curry y el capitán prosiguió. "Y solo unas dos pesetas" (¡menos de dos chelines!) "Esto es tan común de los ingleses; soportarán una sobrecarga de libras con bastante ecuanimidad, pero cuando el asunto es de seis peniques, insultan y se desgarran hasta que apenas les queda aliento".

"Dos pesetas no parecen valer una discusión", comenté.

"El principio de la cosa es siempre la razón que se da cuando la suma es pequeña; y es así, pero es trabajo perdido discutir con esta gente; no comprenden, por regla general, una cuarta parte de lo que se les dice. He visto a hombres de pie mientras un extranjero, un oponente, les dice, en el más fuerte de los idiomas mezclados, que son tontos y villanos, estar en silencio, con una sonrisa medio compasiva en sus rostros, como si estuvieran discutiendo con un niño, y deban hacer la concesión".

"¿Pero y si no entienden?".

"Sería más o menos lo mismo si lo hicieran. Saben lo suficientemente bien que están siendo abusados, y se inclinan y florecen entre las pausas de la conversación de la manera más tranquila. ¡Eso es tan irritante para los ingleses y estadounidenses! Éstos lo toman como una impertinencia; Yo, que he tenido experiencia, sé que es el resultado de la pura indiferencia y la languidez inducida por el clima".

"Me han dicho que estos centroamericanos se adhieren muy de cerca al punto en lo que al dinero se refiere", dije.

"Eso lo hacen. Después de todo, nuestro amigo de arriba tuvo que pagar las dos pesetas o dejar su equipaje atrás. Y así, con la emoción y la exposición, casi logró provocar un ataque. Sin embargo, su físico lo tendrá arriba para mañana".

Estas eran buenas noticias, y la Sra. C. se fue a descansar tranquila.

Al día siguiente, el extraño estaba reclinado en una silla de caña de bambú debajo del toldo. No se veía muy bien, pero su apariencia era ciertamente mejor que la presentada el día anterior.

Le dije buenos días y le pregunté por su salud. Los finos ojos grises del Sr. Z. se iluminaron mientras me dirigía a él.

"¡Ah!", exclamó. "No podía estar equivocado; ¡estaba seguro de que usted era una mujer inglesa!".

Yo confirmé su opinión.

"¿No perteneces a esa mujer y sus horribles hijos?", continuó, hablando con mucho disgusto e indicando al grupo C con su pulgar.

"No, solo los conozco por este viaje".

"Discúlpeme, soy un hombre sencillo; ¿Qué trae a una dama como usted a esta parte del mundo?"

Le conté, tan breve como pude, cual era mi posición. Resopló y gruñó y finalmente dijo:

"Espero que no te asesinen. Por cierto, San Pedro Sula, no es un mal lugar cuando llegas; a mí me gustaría ir, pero los viajes...".

El chico *ladino*, con un cortés "con permiso", afirmó que él había estado en San Pedro Sula. Era "un lugar hermoso", dijo.

"Él estuvo allí", continuó el amo, "ayudando a construir ese ferrocarril confuso. ¡Hay un desastre! Un montón de sinvergüenzas en Londres pusieron eso a flotación. Debería haber pagado; sí, pagado bien; pero en estos lugares no hay nadie que se ocupe de las cosas, y los blancos están igualmente dispuestos a estafarse unos a otros cuando no hay nada que sacar de los extranjeros. "¿Podría creerlo, señora?", continuó el pobre caballero, "¡un miserable escocés, uno de mis propios compatriotas, en realidad defendió al empleado de la aduana, en las buenas y en las malas, en el asunto de un recargo que se hizo en mi equipaje!".

Lamenté escuchar esto, pero me aventuré a decir que quizá el escocés pensaba que el oficial tenía razón.

"Nada de eso", replicó mi amigo con gran energía; "el solo quería ganarse el favor y quedarse en su lugar. ¡Imagínese que han tenido la audacia de cobrarme cuotas de embarque por esa bolsa de cocos que hay allí!", continuó el Sr. Z, calentándose con su tema; "¡Unos cuantos cocos que había comprado y enviado justo la noche anterior! ¡La cosa es monstruosa! Podría haberlo logrado sin la fruta, ya que solo voy a La Libertad; pero amenazaron con detener mi baúl si no pagaba todas las cuotas. Así que me vi obligado a pagar dos pesetas, ya que no tenía tiempo que perder. ¡Sin embargo, escucharon mucho de mí!".

Aquí ambos nos reímos; y como el Sr. Z. era en general una persona afable, su ira se evaporó rápidamente en la válvula de seguridad, que yo, como oyente sin prejuicios, parecía representar.

"La Libertad es el próximo puerto en el que vamos a parar", dije con el fin de alejar cualquier referencia al enojo de este caballero.

"Si; me bajo allí, ya que tengo que ir al interior por negocios. Se lo pasará fatal al cruzar a San Pedro. A menudo he pensado en ir allí; pero, por lo que he escuchado sobre los caminos, el hambre, y las posibilidades de ataque (posibilidades, cuidado, digo, porque no quiero asustarla, pero en realidad no hay nada para comer), y otras molestias, he decidido renunciar a la idea. Sin embargo, me gustaría acompañarla", agregó después de una breve pausa.

"¿Por qué no?", dije, aprovechando la oportunidad de asegurarme un compañero de viaje. "Usted, su criado y sus mulas, unidos a los míos (porque voy a contratar a un mozo y un mulatero en Amapala), haríamos una compañía bastante respetable. Nos protegeríamos el uno al otro, si fuera necesario. Tengo poco miedo, y seguramente debe haber algo para comer. ¿Cómo sobrevive la gente?".

"Un plátano y un cigarro es todo lo que necesitan", contestó el Sr. Z. "Sufrirá mucho por la falta de comida. Lleve lo que pueda con usted. En lo que a mí respecta, no podría prescindir de mi cena más de dos veces por semana. Siempre he estado acostumbrado a vivir bien. No, no ... en este momento de mi vida no serviría. Me alegro de que el cónsul de Amapala la cuide. ¿Tiene un revólver?".

"¡Un revólver! No. Nunca he disparado uno", contesté asustada, "preferiría estar sin uno".

"Espere un momento", dijo el Sr. Z. Se levantó y fue a su camarote, regresando con una caja de caoba. La abrió y mostró reposando ahí dos revólveres; uno era largo, y el otro más pequeño.

"Esta es la joyería con la que viajo", siguió, "pero el revólver pequeño no me sirve. Compré este como un regalo de bodas para una joven en el interior; pero la pobre criatura murió de repente, y así tengo un revólver de sobra. Este es para usted", dijo, poniéndolo sobre mi mano.

Le agradecí por su amabilidad, pero lo puse de vuelta en la caja, diciendo que nunca podría decidirme a dispararlo.

"¿Cree que un hombre muere más pronto porque hizo su testamento?", preguntó.

"No, ¿a qué se refiere?".

"Digo que el peligro no vendrá sobre usted solo porque tiene un revólver. Vamos, no sea orgullosa, acepte esto de un viejo y un compatriota. Estamos en una tierra extraña, y debemos ayudarnos el uno al otro".

Puesto ante mí de esta manera, negarme habría sido peor que la impertinencia. Por lo tanto, acepté el revólver, lamentando sólo que no podía entrar en una galería de tiro y dejar allí mi huella. Eso dije.

El Sr. Z. contestó: "Usted es una mujer sensible, y estoy muy agradecido por su compañía. Desearía ir con usted; pero no puedo... no puedo ver mi camino". Dicho esto, se metió a su camarote, y yo quedé en actitud de guerra sosteniendo un revólver.

CAPÍTULO IV: CALOR, MOSQUITOS Y SOPA DE GALLINA

No es de extrañar que el maestro C., que se había encaramado hacia el final de la cubierta en la que yo estaba, mirando, sin duda alguna, con pesar sobre mi adquisición, exclamara al verme: "Tiene un revólver allí, forastera, y está en un apuro, ¿no es así? ¿sabe cómo dispararlo?".

Ese era justo mi problema, contesté dócilmente, "¿puedes decirme si está cargada?".

"¿Por qué? ¿No sabe?", respondió el joven con gran desprecio.

"El Sr. Z me la acaba de dar, y olvidé preguntarle si estaba cargada o no. ¿Sabes algo de revólveres?".

"Quiero pensar que sabía", fue su respuesta. "Vamos a tratar". Mientras hablaba tomó el arma de mi mano, y pronto resolvió la duda, mientras disparaba sobre el costado del barco.

Esto trajo a dos o tres de los mayordomos a donde estábamos, queriendo saber de qué se trataba el ruido.

"¿Pensaste que había matado a tu abuela?" respondió el joven con mucha rudeza. Luego, al ver que se acercaba el sobrecargo, cambió de tono y comenzó a explicar la situación, asegurando con mucha firmeza que el revólver estaría en mejores manos si la dama se lo entregaba.

Como nadie le respondió, se dirigió directamente a mí. "Es un muy buen revólver", dijo, "y no le sirve de nada a una mujer. Le daré cinco dólares por él; ¡es un buen trato!".

"Ya te dije que el Sr. Z. me regaló este revólver; por favor devuélvemelo".

Como el joven caballero parecía más que reacio a desprenderse de la propiedad de su vecina, el sobrecargo intervino y rápidamente simplificó el procedimiento.

Golpeó la cabeza del chico, lo arrojó a un lado y sostuvo el revólver en sus propias manos, todo en un minuto; y luego, de una manera tranquila y pausada, me mostró cómo manejar este pequeño instrumento asesino.

"Es mejor que su mozo cargue el arma para usted", dijo este amable caballero. "Creo que tengo una pequeña caja en algún lugar en la que cabe esto. Buscaré enseguida, ya que mañana que lleguemos a La Libertad estaré ocupado". Diciendo esto, se retiró.

Pasaron el día y la noche, y la madrugada me encontró profundamente dormida cuando llegamos y salimos del puerto de La Libertad. Tan pronto como hice mi aparición en cubierta, uno de los camareros se me acercó y me señaló la bolsa de lona que había subido a bordo con el Sr. Z.

"El caballero dejó sus complidos para usted, señora", dijo él, "y yo tenía que darle estos cocos. El Sr. Z. pensó que le gustarían. Le hubiera gustado estrechar manos con usted, pero no quiso que la llamáramos. Me ordenó que dijera que esperaba que usted tuviera un buen viaje, y que se asegurara de obtener provisiones siempre que pudiera".

Esta fue la primera y la última vez que vi al Sr. Z., pero siempre tendré un amable recuerdo de este simpático y excéntrico compañero de viaje.

La Unión sería nuestro siguiente puerto y, en consecuencia, toda la familia C. estaba emocionada, pues este era su punto de desembarco. Grande fue el fregar y vestirse; y como algunas de sus ropas viejas fueron arrojadas al mar, anulé el deseo de mi corazón, a saber, que el acordeón fuera arrojado a lo profundo también. Por mucho que todos habíamos sufrido a causa de ese instrumento, y a menudo habíamos jurado venganza contra él, no creo que nadie se estremeciera cuando la niña C. mayor interpretó "Home, sweet home" por última vez. En cierto modo, fue un "adiós" para nosotros, y se estaban yendo a casa con su "padre". Los niños también parecían ablandados cuando los pusieron en ropas limpias; y el maestro C. fue tan cortés conmigo que le entregué la bolsa de coco a él y a los suyos en el acto.

Amapala era el próximo puerto, así que hice mis arreglos, y estábamos todos en orden de marcha cuando, unas horas después, nos encontramos frente a La Unión.

Como la mayoría de los lugares de esta costa, La Unión parecía ser un conjunto de techos de tejas rojas, construidos en grupos, los huecos se llenaban con arbustos verdes y enanos, y aquí y allá con una palmera alta; la orilla baja y arenosa parecía estar lista para deslizarse en el mar a la menor provocación. Este es un lugar de cierta magnitud, sin embargo, y construido más regularmente en el interior. Aquí se realiza una gran cantidad de comercio y La Unión tiene la reputación de ser una ciudad progresista y en mejora.

Creo que los barcos que van y vienen del puerto a un barco son siempre un objeto de interés para los marineros, aunque no sea más que un interés pasajero en la escena. En esta ocasión miré al otro lado del agua con una curiosidad más que ordinaria, ya que la emoción mostrada por la familia C. por saludar al esposo y al padre había atraído mis simpatías. Varios barcos habían llegado al costado del barco, transportando mercancías y visitantes, pero ningún Sr. C. apareció.

La paciencia de la niña más joven se estaba agotando, y acababa de recuperar el aliento para un grito, cuando un marinero llegó a la popa y le dio una carta a la Sra. C., la madre. Esto fue para decirle que el Sr. C. estaba muy lejos dentro del país, pero que había delegado al vicecónsul para que se reuniera con ella y sus hijos, y que los apartamentos estarían listos para ella en La Unión.

La pobre mujer se sintió decepcionada y aliviada a la vez. Muy pronto, un gran bote estaba esperando al costado del barco. Un hombre de aspecto agradable subió a bordo y se anunció que había venido, como se le había pedido, a buscar a la Sra. C.

Mientras se colocaba el equipaje en el bote, el cónsul mantuvo una pequeña charla conmigo y se ofreció a llevarme con ellos a ver La Unión y participar de la hospitalidad de su casa. Mi regreso sería difícil, y el tiempo era muy corto, por lo que me vi obligada a rechazar el favor. En todo el mundo, los hombres estadounidenses son particularmente amables con las mujeres solitarias, y califiqué a este caballero como un ejemplo más en mi lista.

Después de una breve charla con el capitán, el cónsul y sus subordinados, se marcharon. La pluma azul de la Sra. C. y el temible acordeón posado sobre una montaña de equipaje fueron lo último que vimos de esta familia. Ahora hacia Amapala.

"Ordenaré una cena particularmente buena para usted, ya que cenará antes de irse", dijo el capitán C., riendo. "¿Qué es lo que más le gusta? Sabe que pasará mucho tiempo antes de que vuelva a tener una comida decente".

Este duro hecho ya me había quedado muy bien grabado; pero como yo no soy de los que "chupan el dolor a través del tubo largo", respondí: "No desanimes a una mujer solitaria, por favor; otras personas han pasado por viajes difíciles, ¿por qué no debería hacerlo yo?".

El capitán era demasiado bondadoso para causarme intencionalmente alguna alarma, pero recomendó la única parte en funcionamiento del ferrocarril de Honduras (el que va de San Pedro Sula a Puerto Cortés) como la ruta más directa para salir del país.

Estábamos sentados en la buena cena prometida cuando llegamos al puerto de Amapala. "El Sr. Bahl, el cónsul, vendrá abordo", dijo alguien. "No se apure; él se tomará su tiempo y nosotros también".

Al parecer, el cónsul se tomó su tiempo, porque esperamos mucho antes de que el barco de la aduana zarpara de la orilla. A medida que se acercaba, vimos que lo ocupaban dos personas, un hombrecito blanco y un hombre muy grande y muy negro.

"El cónsul no viene esta vez", dijo un oficial; "Aquí está su secretario y el capitán".

"¿Capitán quién?", no pude evitar repetir.

"Oh", se rio el mayordomo, "ese hombre negro es llamado 'capitán' por sus actuaciones bélicas. Ha luchado, dice, en tres de las revoluciones en las que este país se involucró hace algunos años; y, según su propio relato, fue el medio para derrotar al enemigo en más de una ocasión".

"¿Usted cree esto?".

"Ni una palabra. El capitán es un tipo terriblemente presumido, pero puede trabajar y lo hace; lo diré por él".

"¿Qué lo trae aquí?", pregunto.

"Es el sirviente del cónsul, y me atrevo a decir que lo ha enviado a buscar o llevar algo para la aduana. Espero que haya tenido la bondad de traer pescados frescos" continuó el mayordomo. ¿Tiene su carta de presentación para el Sr. Bahl? Como no está aquí, será mejor que se la envíe al secretario. Ese caballero está haciendo una transacción con el capitán C. en este momento, pero yo me ocuparé".

En ese momento se acercó el secretario. Era un hombrecillo apuesto de cara blanca y grande, lo que no me impresionó muy favorablemente en cuanto a la salubridad de Amapala. Sin embargo, al conversar más, descubrí que estaba dispuesto a dar fe de que Amapala era un perfectamente salubre. "¡Fiebre! ¡Yah-no!" exclamó, en un inglés arrastrado. "¡La gente se muere! Sí, alguna vez todos deben; pero aquí fiebre, ¡ah, no, no!".

"Ni serpientes", interpuso el ingeniero en jefe, guiñándole el ojo a su compañero.

"Ni serpientes, no, no; leopardos de montaña, uno o dos, nunca vistos, tonterías".

"Pero estos leopardos de montaña *solían* llamarse tigres", insistió el ingeniero. "Por qué esa montaña de allá aún se llama Mountain of Tigers – *La Montaña de los Tigres*. Ahí está en los dos idiomas".

El pequeño secretario no quiso admitir a los tigres y no sabía nada sobre la razón por la que la montaña indicada llevaba un nombre tan ominoso. Ahora se me dijo que mi partida sería cuestión de sólo cinco minutos, y los empleé para despedirme del capitán y los oficiales del buen barco Clyde. Dios los bendiga a todos, dondequiera que se encuentren ahora. Fueron muy, muy amables con "Soltera".

Cuando estaba sentada en el bote, el pequeño empleado me dijo que tendría que pasar una noche, o quizás dos noches, en Amapala. El cónsul era soltero y, lamentablemente, su cuñada estaba de visita. "Daré la nota cuando aterricemos; no creo que la oficina este cerrada", dijo.

Cuando aterrizamos, estaba bastante oscuro. El negro sacó el equipaje del bote y lo vadeó hasta la orilla, porque el bote no podía llegar del todo al lugar de desembarco. Hecho esto, me agarró como si hubiera sido un gato, sin palabra ni señal, y de sus fuertes brazos fui depositada en la playa de Amapala.

"Espere, espere un poco", dijo este enorme portero. "Secretario fue a oficina a hablar con cónsul, déjelo leer carta. Trajo traducción de carta ¿eh?".

"Sí. Espero no tener que esperar mucho".

"No; cónsul leer carta, y enviarle órdenes".

Supongo que el cónsul leyó la carta, porque salió el secretario, hurgando en la oscuridad para encontrarme, y dijo:

"El cónsul le escribirá o enviará por usted temprano en la mañana; la única posada decente en Amapala está cerca de aquí. Será mejor que deje su equipaje pesado en la oficina; Yo me encargare. Ahora, capitán, tome el baúl de la dama".

Mi amigo negro se echó el baúl al hombro y dijo: "Sígame de cerca; yo bien; confíe en mí; yo tan bueno como inglés". Me abrí paso por lo que en cortesía deben llamarse las calles de Amapala. La posada no estaba tan cerca como pensaba; y tan pronto como abandonamos la orilla, el hombre negro dijo: "¿Qui-quiere ir hacia el país, por las montañas?".

"Sí, deseo bajar lo más rápido posible".

"¿Tiene sirviente? Conozco buen sirviente, habla inglés bien; sabe todo del país; es fuerte, cocina bien. Pero le costará dinero".

"¿Así será?", respondí rápidamente, pues me di cuenta hacia donde quería llegar; "No pienso pagar más de cierta cantidad, y...

"¿Cuál sería esa cantidad en dólares?".

"No es de tu incumbencia, eres el cocinero del cónsul, y esto no es de importancia para ti".

"Ah, sí, sí; pero si hace que valga la pena que me tome mucho tiempo, verá que será bueno. Yo conozco país; yo respetable sirviente".

Ya habíamos llegado a la posada. Sólo una puerta estaba abierta, y dentro se podía ver, a la luz de una vela solitaria, una larga mesa marrón sobre la que descansaban unos vasos.

Una figura salió de detrás de esta barrera. Era un muchacho de buen ver y era, además, esa ave rara, un muchacho de aspecto muy limpio.

"Oh, eres tú", le dijo al negro.

"Sí. Traje a esta dama. Cónsul me envía con ella porque hablo inglés muy bien. ¡Muy cómodo, tener hombre cerca que hable bien inglés!", continuó este engreído amigo, girándome hacia mí.

"¿Podrías arreglarme una habitación decente y darme algo fresco ahora?", dije. "¿Dónde está la señora de la casa? Deseo hablar con ella".

"Oh no, yo arreglo", continuó el hombre negro. "Verá, yo hablo inglés".

"Pero supongo que la casera habla español", contesté, interrumpiéndolo; y en esa idioma le pedí al joven que fuera a buscarla.

Así lo hizo, y una mujer alta y de aspecto agradable regresó con él. Dijo que podía proporcionarme lo que necesitaba, y luego se discutió la cuestión de los cargos.

El capitán aquí intervino y se entrometió hasta tal punto, que el muchacho, evidentemente molesto por sus malos modales, dijo: "cállate; la señora entiende bastante bien el idioma; sabe lo que es justo pagar".

Realmente no lo sabía, pero me sentí agradecida con el joven por apagar esta molestia, y por eso le respondí que el cónsul sabía que yo pagaría lo justo. Entonces le di a este portero muy desagradable una peseta (diez peniques) por llevar el baúl, y de todo corazón le di las buenas noches.

Entraron dos hombres mientras salía el "capitán", y nos divirtió mucho oírle informarles del cargo que estaba tomando contra la dama inglesa. "Es grandioso hablar inglés", le oí decir en ese idioma, cuando finalmente se fue.

Los hombres naturalmente me escanearon después de esta observación, pero con respeto y sin mostrar curiosidad alguna. Pidieron "vino blanco" y se sentaron a fumar.

"Le ruego disculpe que la llevemos por el bar", dijo la casera, "pero hemos perdido la llave de la otra puerta. La encontrarán mañana. Mira, Eduardo, lleva esa caja a la habitación de la dama".

Trajeron una linterna, pasamos por la parte trasera del bar y salimos a una amplia galería, que estaba bordeada por una estrecha franja de jardín delimitada por un muro alto.

Entramos en la habitación de invitados. Si hubiera estado calificando para la vida en prisión, aquí tenía la oportunidad de comenzar un aprendizaje. La habitación era grande, la abertura de la ventana estaba cerrada por una pesada contraventana con una barra que la cruzaba; baldosas rojas, descoloridas por la suciedad y la grasa, componían el suelo, y el polvo se amontonaba en pequeños montículos en algunas de las crestas de los más desnivelados. Una cama cubierta con piel de toro en lugar de un colchón, y una almohada de cuero, eran lo habitual aquí para servir como lugar de descanso. Una mesa de madera colocada contra la pared y una mecedora en buen estado completaban el mobiliario. No hay vestigios de artículos de tocador de ningún tipo; ni una gota de agua ni una toalla.

El muchacho depositó el baúl en el suelo y, como este alegre apartamento estaba impregnado de un olor desagradable, le pedí que abriera la contraventana. Vaciló y miró inquisitivamente a la casera. Sin entender la razón de esto, dije:

"Hay rejas de hierro, o una celosía, detrás de la contraventana; nadie puede entrar; Quiero aire".

"No, no", respondió la casera, "sino que en la noche es posible, aunque muy raro, que una *serpiente* pueda entrar".

"Dejen la ventada cerrada entonces", respondí con energía. "No pensaba que las serpientes se acercaran tanto a las casas. ¡Qué espantoso!".

El joven me explicó que hace quince días una *serpiente* se había arrastrado una noche caliente por las barras y descendió hasta esta habitación. "Había un gran crecimiento de hierba espesa y húmeda debajo de la pared de ese lado", dijo, "y podría ser que el agujero de una serpiente estuviera allí".

"Pero ¿por qué diablos no se limpia o se quema?", dije, "es muy peligroso para todos dejar que la hierba se quede así".

"¿Quién sabe?", respondió él; y luego me señalaron la puerta de enfrente por la que podía entrar desde la calle. Era una puerta muy fuerte, pero estaba abierta, faltaba la llave, como me dijeron a mi llegada. Había un pestillo, mediante el cual el ocupante podía abrirlo cuando se quitaba el impedimento puesto por la cerradura.

La casera propuso ir a buscar una sábana y una funda de almohada, y luego agregó, con aire de triunfo: "Le traeré un poco de té. Conozco al inglés así. El que tengo es muy bueno, un regalo de un inglés: no le gustaba esperar, y maltrataba todo, pero tenía buen corazón, señora, y me dio dos libras de hermoso té".

"¿Solo para usted?".

"No, no me gusta mucho. El inglés, un hombre tosco, dijo que me lo dejaría para que se lo diera a algún pobre diablo de su país que viniera a quedarse aquí".

Ella se rio como si fuera la mejor broma, y nunca pareció percibir el sarcasmo que podría encubrirse bajo la apariencia de este discurso y presente; dadas las circunstancias, estaba muy contento de representar a ese pobre diablo. Salió riendo a carcajadas, y el joven, la linterna y yo nos quedamos solos.

"¿Me puedes traer un poco de agua?", le pedí, y aquí no pude preguntar en español por el baño, así que tuve que recurrir a las señas.

"Oh sí, ya se, lavar cara; yo me encargo, le traeré lo que me pide. Le serví una vez a una dama estadounidense que estaba de viaje, y a ella le gustaba mucho el agua", y mientras hablaba salió con la linterna. Me senté en la cama, esperando que trajeran el té pronto, y preguntándome a que sabría la bebida.

La casera regresó con un candelabro en una mano en el que estaba colocada una gran vela de cera; bajo su brazo estaba la ropa de cama prometida, que, para mi sorpresa, estaba limpia y fina, y el dobladillo superior de la sábana estaba bordeado con amplios encajes. La funda de almohada estaba recortada de la misma manera; y cuando se hizo la cama y se cubrió con una colcha escarlata; el lugar de la cama realmente parecía un punto brillante en este desierto, y comencé a esperar otras mejoras.

Después llegó el té y era muy bueno. El inglés evidentemente enseñó a la casera como hacer uso de su regalo. El muchacho también trajo artículos de tocador pieza por pieza y, por último, una gran jarra de barro roja llena de agua. La había sacado de un pozo cercano y estaba deliciosamente pura y fresca.

El muchacho se retiró y luego, volviendo a la puerta, llamó a la casera. Un gran susurro se prolongó durante algunos minutos; por fin regresó mi anfitriona y dijo de una manera un tanto misteriosa: "usted va a Comayagua, ¿verdad?".

"Debo pasar por esa ciudad", respondí, "¿por qué pregunta?".

"Oh, el chico viene de esa parte, y no quiere permanecer en Amapala. ¿Por qué no lo lleva como su mozo? Es un buen muchacho, y me gustaría conseguirle un lugar".

"¿Es su empleado, verdad?", pregunté.

"Lo que puede llamar empleado, sí; pero no hay que hacer para un muchacho como él. Vende vino para mí, es cierto; pero no puedo pagarle; el comercio es lento y pocos vienen a quedarse en esta posada. El muchacho solo vive de hacer un poco de sastrería aquí y allá".

Pensé que este plan podría funcionar, ya que la casera parecía muy independiente de los servicios de Eduardo. Ella procedió a darle una buena referencia y yo le prometí preguntar la opinión del cónsul al respecto. Se dieron las buenas noches y me acerqué a la puerta para cerrarla después de la partida de la mujer. Estaba cerrado por un pestillo; pero no tenía cerrojo. No me quedaba más remedio que poner el mango de mi cepillo de dientes a través del pestillo y dentro de él; y acostarme confiando en la providencia.

El día siguiente llegó una nota del Sr. Bahl, diciéndome que debo esperar un día en la posada, y después arreglaría todo para mi viaje; se le pidió a Eduardo que fuera a la oficina, si quería manifestar mi intención de llevarlo conmigo; y si podría llamar temprano la mañana siguiente.

Poco que hacer, nada que ver; calor y mosquitos para soportar, así eran las horas de espera. A la hora de la cena entré en el comedor, pensando que sería bueno comer algo sustancioso, y varios platos en la mesa parecían ofrecer una opción.

Había variedad y una variedad muy poco apetecible. La sopa, llamada caldo de pollo, no era nada mejor que gallina ahogada; y la carne, cortada en tiras, parecía sandalias de cuero de la más remota antigüedad. Todo lo que se podía picar fue picado; las verduras que habrían pasado bien si se hubieran servido enteras, fueron atormentadas hasta convertirlas en una masa, y los pequeños frijoles negros en platos amarillos eran los únicos comestibles que, debido a su pequeño tamaño, habían escapado a la carnicería universal.

Sin embargo, algunos presentes le hicieron justicia a este banquete. ¡Ojalá siempre se encuentren algunos que lo hagan! En cuanto a mí, agradecí cuando llegó el tiempo de visitar al cónsul.

CAPÍTULO V: LA OFICINA DE LA CÓNSUL EN AMAPALA

La oficina del cónsul en Amapala era un edificio confortable, compuesto de tienda completa, mitad oficina y mitad tribunal de justicia.

Estaba situado cerca de la orilla del agua y se entraba por un amplio tramo de escalones de piedra. Estas escaleras se desgastaban rápidamente, ya que eran pisadas con persistencia por los haraganes de Amapala, que consistían generalmente en muchachos ociosos que se pegaban como mejillones, miraban adentro, fumaban y escupían afuera con intolerable pertinacia. Una excursión hecha desde el interior a veces lograba desalojarlos; pero este esfuerzo de los secretarios del cónsul terminaba con más frecuencia en un lenguaje fuerte y un sudor violento que en un resultado satisfactorio. Creo que todos los días se confiesa una sincera esperanza de que alguien que entre pueda eliminar eficazmente los impedimentos pisoteando la vida de algunas de estas plagas humanas.

Desafortunadamente también para el público del negocio, una gran *ceiba* al frente del lado derecho del edificio extendía sus brazos de hojas oscuras, y debajo de esta sombra se agrupaban mulas, portadores de agua, ciudadanos en varios estilos de vestimenta, tinajas de agua, melones y niños morenos desnudos.

La agrupación era ciertamente pintoresca. Pero cómo el cónsul Bahl ha resistido durante tantos años, cómo lo ha hecho, la molestia de un club de conversación y debate combinados, que se celebra a cuatro pies de su negocio, sobrepasa mi comprensión.

A través de una parte de esta asamblea, me abrí camino en la mañana del día anterior al que debía partir para Aceituña. Los jóvenes de los escalones me hicieron sitio con cierta presteza; y se murmuraba entre ellos que quizás no era tan seguro que Eduardo Álvarez fuera conmigo. El cónsul no había llegado a ningún acuerdo, lo sabían; tal vez la señora elegiría a otro mozo. El significado de estos comentarios era simplemente el siguiente: Eduardo estaba un poco atrasado con su alojamiento y otros asuntos y, a menos que yo le adelantara una parte de su salario para pagar sus deudas, no podía salir de Amapala. Con respecto a esto, pensé que sería bueno consultar al Sr. Bahl, y además para determinar si ese caballero me recomendaría contratarlo.

El pequeño empleado de rostro pálido que me había traído del barco estaba al acecho de mi visita. Unos minutos más tarde se corrió una cortina en una esquina de la oficina y el señor Bahl salió. Era alto, caballeroso y muy amable. (Los hombres estadounidenses, en todo el mundo, siempre son amables con las mujeres). Dijo que sin duda tenía un largo viaje por recorrer, pero que no debo creer todas las tonterías que he oído sobre los ladrones y todo lo demás. Me recomendó precaución común y abstenerme de viajar al anochecer.

"Le mandé un mensaje anoche", continuó el cónsul, "diciendo que no puedo proporcionarle las mulas que requiere; y en cuanto a un mulatero, no hay ninguno en el lugar que le puedo recomendar".

"¿Está seguro de que el oficial de aduana en Aceituña me los puede conseguir?", pregunté ansiosamente.

Un hombre fue a buscar algunas cosas que quiero de la aduana. Envié una nota con él al Sr. Z. preguntándole si puede proporcionar lo que usted necesita. Si no puede, lo que no creo probable, no hay más que enviar o ir a La Brea: en La Brea se consiguen muy buenos animales.

"¿Por qué son tan escasos aquí?", pregunté.

"Como siempre pasa: hay muchos cuando no son necesitados. Sin embargo, espero que hacia Aceituña; le ahorrará algunas leguas de camino accidentado. Mi barco la llevará a cruzar en algo más de una hora, y podrá partir tan pronto como lo desee después de desembarcar en Aceituña".

Accedí agradecida a esta proposición y después pregunte por Eduardo Álvarez.

"Él vino a hablar conmigo anoche", contestó el Sr. Bahl. "Supongo que ya le digo que quiere un poco de dinero por adelantado si lo contrata".

"Sí, él quiere pagar algunas deudas pequeñas, según me dice. La gente de la casa le dieron una buena crianza, y me gusta su apariencia".

"Hasta donde yo sé, el muchacho es bastante decente. Como toda su raza, tiende a ser ocioso; pero realmente hay poco empleo aquí para un sastre, y ese es el oficio con el que se mantiene".

"Por cierto", continuó el cónsul, "como el viene de Comayagua, le recomiendo contratarlo, ya que usted tendrá que tomar esa ruta, y es una buena ventaja tener a un guía que conoce alguna parte del país".

Después un joven que estaba en las escaleras fue enviado a traer a Eduardo Álvarez. Este joven pronto apareció y entró a la oficina con todo un grupo de sus amigos asomándose por la puerta. El pequeño secretario se abalanzó sobre ellos, lo que evidentemente los frustró en la intención de estar al alcance del oído. Me entregaron una silla, y el cónsul y el muchacho tuvieron una charla detrás de la cortina.

El resultado de esta platica fue el siguiente: Yo contrataría a Eduardo Álvarez como mi sirviente desde Amapala a San Pedro Sula; le pagaría quince pesos (poco menos de tres libras, dinero inglés), y darle una peseta (diez peniques) al día para su mantenimiento. Acepté adelantarle ocho pesos para permitirle pagar sus deudas; y así terminó el arreglo.

"Preparé el acuerdo oficial ordinario antes de empezar", dijo el cónsul; "será mejor que Eduardo no esté muy seguro del compromiso; y debe pagar lo que debe. No se preocupe por el dinero, yo le daré los ocho pesos, y mañana puede pagarme".

"¿Tiene alguna hamaca en su tienda?", pregunté; "será de mucha ayuda en los lugares por los que pasemos".

"Una hamaca le ahorrará muchos disgustos, pues no se verá obligada a descansar en las horribles camas del país; el joven puede buscar una veranda para colgarla. También le aconsejo tomar un mosquitero. Una red gruesa verde es la mejor. El blanco atrae a las moscas por la noche".

Entramos a la tienda y escojo esos artículos. "Entonces", dijo el cónsul, "¿trajo su silla de montar?".

"¡Silla de montar! No; Nunca pensé en eso. ¿Puedo rentarla junto con la mula?".

"Me temo que aquí no. La silla de montar de una dama es propiedad privada, generalmente hablando. Pero quizá pueda comprar una de alguna de las mujeres de por aquí. Alguna quizá quiera hacer algo de dinero. Eduardo, sal y pregunta a las mujeres si conocen a alguna que tenga una silla de montar de mujer en venta".

Al irse, el señor Bahl agregó: "No puedo ir contigo, pero asegúrate de no dar más de doce pesos". Muy pronto el muchacho ejecutó la orden del cónsul, y en poco tiempo se reunieron diez o doce personas, declarando que todas poseían la misma cosa. Eduardo se volvió de repente un personaje importante.

"Traigan las sillas de montar que tienen para vender y pónganlas aquí", dijo él, indicando un lugar vacío. "Debo saber cómo son antes de aconsejarle a la señora a comprar".

Las mujeres fueron, y en muy poco tiempo se exhibieron varios ejemplares muy extraordinarios de cuero. En la emoción general, el muchacho me había pasado por alto por completo, y los demás no sabían que yo entendía el idioma.

"¿Cuánto crees que pagará por esto?", preguntó una, mientras levantaba una enorme silla de montar, que no tenía cinchas y estribos, y que estallaba en todas direcciones con mechones de pelo y almohadilla. "¿Quizá quince pesos?".

Un indignado "vaya, vaya" fue la única atención que recibió este candidato.

"Aquí hay una silla de montar, una espléndida silla", dijo otra, mientras agarraba el artículo de la cabeza de un niño. "¡Mira este!, autentico mexicano; mira el bordado. Se lo vendo a la dama inglesa por dieciocho pesos. ¿Es mucho?, dijo ella; "no, estos ingleses pueden pagar. Dieciocho pesos, mozo, y habrá uno para ti".

Eduardo bajo y examino esta última oferta. "Quizá este funcione; pero mire, el pomo está roto. ¿Hay alguna manera de repararlo?, preguntó.

"Sin ninguna duda", respondió la dueña. "Puedo llevárselo a Ignacio Gómez; él lo arreglará para mañana".

Eduardo conocía bastante bien el espacio de tiempo indefinido que indica el *mañana*. Es muy probable que no vea más de esa silla durante una semana. Él, sin embargo, no dijo nada al respecto, pero le aseguró a la mujer que la dama no pagaría ese precio.

"Ah, pero dile que no hay otro en este lugar", sugirió un espíritu brillante.

"Eso no servirá, mujer", replicó Eduardo. "El cónsul le dijo a la señora que él sabía que había una silla de montar perteneciente a la esposa del oficial de la aduana en Aceituña".

"Ella no la venderá", agregó un hombre.

"Quizá podría rentarlo", dijo una mujer gorda, coronada con un pañuelo amarillo brillante. "No, no; la silla se debe comprar aquí, buen joven; la viuda Niccoli tiene una silla de mujer. Espera aquí. Voy a ir a buscar a la viuda Niccoli".

Se alejó a toda velocidad y regresó con una silla de montar, es cierto; ¡pero qué trapo! Apenas podía mantenerse unido en la cabeza de la mujer.

Sí, quería esto y aquello, estuvo de acuerdo, ya que Eduardo señaló sus defectos. "Ah, sí, las ratas deben haberse comido este trozo de la aleta, y no hay cinchas. Bueno, las vamos a poner. Mozo, esta montura durará un poquito; y luego, ya sabes, puedes comprar otra más adelante. A la inglesa no le importará. ¡Estos ingleses pueden pagar! Ah... ".

¿Qué respuesta estaba dispuesto a dar Eduardo a esta proposición fácil y gratuita? No lo sé; y mientras mi paciencia se estaba agotando y mi espalda comenzaba a encresparse con el calor del sol, decidí acortar las cosas. Al entrar en el círculo, dije en el mejor español que pude dominar: "No compraré ninguno de estos; y, además, no daré más de doce pesos por la mejor silla de montar de Amapala".

Tal interrupción en la mayoría de los lugares, y con la mayoría de la gente en cualquier otra parte del mundo civilizado, habría provocado algunas excusas, o habría merecido una rápida retirada, incluso por parte de los más endurecidos. Aquí, si el efecto fue eléctrico, fue de otra forma.

"¡Ah, habla nuestro idioma!", exclamó la gorda desgraciada que se había propuesto engañarme tan descaradamente. "Como es ella bonita, es pequeñita para una inglesa". Los demás se juntaron a mi alrededor, algunos tomando y acariciando mis manos, expresando pesar por no saber que yo entendía su "idioma".

Era difícil saber qué decir, pero me pareció acertado expresar mi sorpresa de que se unieran para aprovecharse de un extraño, y ese extraño una "Soltera", agregué con gran énfasis.

"Ah, ellos lo lamentaban; no sabían; y todos los ingleses tienen oro. No, estaban equivocados; una Soltera debe tener simpatía. Pero, ¡ah, ellos eran tan pobres! ¡Era tan difícil sobrevivir allí! Etc., etc. ¿No tenemos que sobrevivir en todos los países, señora?".

Les dije que yo también era pobre, y que pagar un precio justo era todo lo que podía hacer. Al decir esto, los dejé y me dirigí directamente a la posada.

El sol ahora era tan fuerte que era un alivio desvestirse y acostarse. Apenas me había logrado dormir, cuando un ruido sordo resonó en la puerta exterior, la que se abría a la calle.

"¿Quién está allí? ¿Qué quiere?".

"Es Antonio. Tiene algo que decir".

"No conozco a ningún Antonio. ¿Te envía el cónsul?".

"No, señora. Yo quiero que me lleve como '*mozo de mano*', para su viaje".

"Gracias, pero ya contraté a Eduardo Álvarez".

"Piénselo nuevamente, señora. Yo sería mejor. Soy un hombre de confianza, maduro. Eduardo solo es un muchacho, y ¡ah, él no sabe nada! Déjeme verla, señora".

"Es imposible", contesté, "voy a descansar un rato; no puedo hablar más".

"Bueno, regresaré después", contestó la voz de Antonio.

"No, no", grité; "de una vez por todas, ya contraté a Eduardo".

"Se que el acuerdo aún no ha sido firmado", persistió mi atormentador, "¿me recibirá antes de firmar el acuerdo, señora?".

"No, no regrese", respondí yo, en un todo decidido. Se queda un poco en la puerta y, por fin, Antonio se va.

"Evidentemente aquí ningún negocio es privado", me dije a mí misma, mientras desenrollaba el mosquitero a mi alrededor y caía en un sueño refrescante.

Mucho tiempo después de esto, según me parece, se escuchan tres suaves golpes en la puerta de enfrente, la que se abre al jardín de la posada.

Esta está libre de intrusión pública, y digo "entre" a través del mosquitero. Aparece Eduardo llevando en la cabeza una silla de montar. Se acerca y yo extiendo la mano para tocarla. No hay duda de esto: es una silla de mujer hermosa, casi nueva, y parece estar en excelente estado.

Le pregunté a Eduardo de donde había conseguido este tesoro.

"De la viuda del hermano del cónsul. El señor Bahl pensó en ella justo después de que usted dejó la oficina, y mandó a su mozo a averiguarlo".

"La dama", añadió, "vendría a visitarla, pero ella vive lejos en el campo y nosotros salimos hacia Aceituña mañana temprano".

"Estoy muy agradecida con ella", contesté mientras miraba la bonita silla de cuero escarlata, con un patrón de flores bellamente cosido; "¿cuánto tengo que pagar?".

"Doce pesos, la cantidad que el cónsul le dijo", replicó el joven; "y, señora, la dama me dará un peso por el mandado. ¿Tiene alguna objeción, señora?"

"De ningún modo; te has ganado ese dinero justamente, ¿te pago ahora?".

"No, señora; le pagará mañana al cónsul. Tenemos que ir a la oficina temprano, para que me hagan el contrato, quería decírselo. ¿Va a ir al comedor, o le traigo algo aquí?".

Recordando cuál era la tarifa del día anterior, elijo quedarme donde estoy y le pido al muchacho que me traiga un poco de café y, si es posible, un panecillo y unos plátanos. Inmediatamente después de haber probado la comida, que era muy buena en su tipo, me vestí y salí a sentarme en la veranda del lado del jardín de la posada.

Apenas había pasado algunos minutos sentado allí, cuando un muchacho de la casa me anunció que el cocinero negro del cónsul quería verme.

"¿Preguntaste para qué?", me reincorporé. "¿Trae alguna nota del señor Bahl?".

En estos países, las comunicaciones más triviales entre personas de habla inglesa siempre se efectúan en una nota o una carta. Confiar en los mensajes aquí sería el colmo de la locura.

"No", contestó el mozo; "el cocinero quiere verla en persona". Antes de decidir si quería verlo o no, el hombre apareció frente a mí.

Quitándose la gorra, dijo: "Buena noche, señora, muy buena. ¿Usted comprender mi inglés?"

"Sí; ¿a qué vienes? Y por favor, hazte a un lado, quiero todo el aire que pueda tener". Él olía a pescado y a negro muy fuerte; y esto, combinado con el aceite de queroseno, en algún lugar cercano, fue demasiado para mis nervios olfativos.

"Oh, sí, sí, seguro. Lo yo decir es muy privado. ¿Se va mañana?"

"Sí. ¿Qué con eso?"

"Quiere sirviente, señora, fuerte, pelear por el camino, apariencia, respetable sirviente, ¿eh?".

"Ya tengo uno. Tu amo ha hecho los arreglos necesarios con Eduardo Álvarez. No necesitas preocuparte por eso", contesté.

"Eduardo Álvarez. ¡Bah! Él no valer nada; pobre basura; solo muchacho en bar; va por país arreglando ropa; no le servirá. Además, cónsul Bahl no firmado acuerdo".

"Eso se hará mañana temprano", dije; y, para deshacerme de él, me levanté para irme a mi cuarto.

El tipo, sin embargo, fue demasiado rápido para mí, y plantó su cuadrado y poderoso cuerpo en mi camino.

"Mire", dijo, "usted me lleva. Yo servir bien, buena pelea, buena cocina. Le costará dinero, pero soy buen sirviente, ah. Yo apto para cuidar de una dama".

Lo que debería haber hecho, apenas puedo decirlo, ya que no había nadie a quien pudiera llamar, la casera estaba a varias puertas, o haciendo ruido al otro lado de la veranda. Lo más inesperado es que recibí ayuda inmediata y eficaz con la llegada de "Lobo", uno de los perros de la casa.

Lobo era una bestia encantadora y nos habíamos convertido en grandes amigos. Tenía el carácter de ser tan tonto que aguantaría cualquier cosa. Grande, por lo tanto, fue mi sorpresa cuando lo vi volar hacia el "capitán", cada nervio de su cuerpo temblaba de rabia.

Con un grito, el "capitán" pasó a mi lado y se fue a la orilla antes de que pudiera hablar. No se me había informado que Lobo odiaba en especial a la gente negra; y al "capitán" particularmente. Me sentí muy agradecida con el perro por darme la oportunidad de ver al "capitán" huir; la inserción de la carta "1" describe el asunto con más precisión.

Una vez más nos dirigimos a la oficina del cónsul a una hora temprana y puntual. Eduardo se encuentra conmigo, vestido con una camisa limpia y un gran sombrero de Panamá. El amable Sr. Bahl me lleva a su tienda y me da uno o dos alimentos comestibles para ayudarme con las raciones; entre los cuales, dos latas de sopa portátil fueron particularmente aceptables.

El bote se está preparando y el tiempo pasa, de modo que ya llevamos casi una hora de retraso en la salida.

El señor Bahl me preguntó si no me habían molestado mucho los muchachos que "solicitaban personalmente" la posición que ahora ocupaba Eduardo Álvarez.

Dije que había otros candidatos y que uno de ellos era un amigo personal suyo.

"¿Un amigo personal mío? No tengo ni la menor idea de a quien se refiera".

"Un personaje militar, uno que ha hecho maravillas en tres revoluciones".

"¡Ah! Ya veo; se refiere al negro bribón, mi cocinero".

"Ese mismo. Él me ha atormentado casi al borde de mis sentidos para que lo lleve conmigo", respondí.

"Ojalá me hubiera dicho esto antes; ese gordo bribón. Lo que he hecho por él, pues se pelea con la mayoría de sus empleadores, tomaría demasiado tiempo para contar. Tiene un buen salario, muy buen salario; y ahora que está acostumbrado al lugar, quiere irse".

"Creo que este tipo de cosas está de moda en todo el mundo; pero nunca lo hubiera aceptado. No me agrada", contesté.

"Cuando usted se haya marchado, hablaré con él sobre su conducta. Nunca me pidió permiso, ni siquiera dio señales de que quería irse", respondió el Sr. Bahl, con gran indignación.

No había ninguna posibilidad de irnos pronto, pues el barco no estaba a la vista, y no se estaban haciendo preparativos ni en la oficina ni en el almacén, por lo que pude ver, para agilizar las cosas. Me aventuré a comentar que se estaba haciendo tarde.

"Oh, sí", respondió el cónsul; "No nos importa esperar durante una hora más o menos aquí. Pronto se acostumbrará. No hay alboroto, y las cosas, a la larga, resultan igual de bien. Uno de los barqueros no ha vuelto, pero todo irá bien. Siéntese en la oficina y espere un poco".

Así que me senté en la oficina y Eduardo se apresuró a subir a los escalones y pronto se puso a chismorrear con todos los haraganes de Amapala.

Pasó otra media hora, y después el pequeño secretario, viendo que me estaba impacientando, salió de su lugar y me informó que el bote pronto estaría listo; había escuchado la voz del barquero. Mientras tanto, me preguntó si quería un vaso de cerveza. El Sr. Bahl le había dicho que me lo ofreciera.

Tenía mucho calor, y bebí el pequeño vaso de cerveza Bass con gusto; y me tranquilicé aún más al ver el bote en el lugar de desembarco, y a Eduardo metiendo el equipaje. Hubo una gran demora antes de que todo estuviera listo; pero al fin todo estaba a bordo, y estábamos sentados en el bote rumbo a Aceituña.

"Hoy no podrá seguir adelante", fueron las últimas palabras del cónsul. "Mejor quédese en Aceituña por la noche, y empiece mañana al amanecer. Adiós. Cuida a la dama, Eduardo". Dicho esto, el amable caballero regresó a su oficina.

Eduardo me mostró su contrato mientras avanzábamos. Yo tengo el original en mi bolsa, habiéndolo firmado, así como él, en cuanto llegamos a la oficina.

"El mío es una copia, lo sé, pero el cónsul me lo dio porque quiero mostrárselos a mis amigos cuando lleguemos a Comayagua", dijo el joven. "Espero que se quede un día en Comayagua, señora".

"Eso espero; podrás ir con tus amigos por unas horas", le dije.

"Y si le sirvo bien, ¿podré seguir con usted cuando lleguemos a San Pedro Sula?".

"No puedo prometer eso; pero puedes estar seguro de que haré todo lo que pueda por ayudarte. Si no puedo retenerte, me atrevo a decir que otras personas requerirán de tus servicios".

Ya habíamos entrado en mar abierto, y sólo se veían a lo lejos los tejados rojos y las palmeras copetudas de Amapala. Soplaba un viento suave, y el aire fresco era de lo más estimulante, mientras bordeábamos una tierra montañosa, que en algunas partes estaba densamente cubierta de matorrales y hierbas oscuras; en otros, la costa estaba casi desnuda.

El lugar se veía tan desolado y solitario, que me impulsó a preguntarle a uno de los barqueros si existían animales salvajes allí.

"Oh sí", respondió, "hay algunos; muy malos, muy malos".

"¿Cómo se llaman?, inquirí; pues pensé que aquí se resolvería el asunto de los tigres.

"Serpientes, una o dos muy peligrosas, y otras criaturas".

"¿Cómo se llaman las 'otras criaturas'?".

"Tigres de montaña. ¡Ah! No me gustaría caminar por esos arbustos; ¿y a ti, Cándido?", dijo el hombre, refiriéndose a su compañero.

Más tarde supe, gracias a una autoridad confiable, que los denominados "tigres de la montaña" son, en realidad, pequeños leopardos. Pero son lo suficientemente feroces y, en muchos casos, han acabado con vidas humanas. La piel de estos animales es muy hermosa y, a veces, constituye el principal adorno de una casa hondureña.

Después de una hora de remar, el bote entró en un arroyo estrecho, bordeado a ambos lados por árboles colgantes. Esto fue, en cierta medida, un alivio del calor del sol que, a pesar del toldo, comenzaba a penetrar a través de mi sombrero. Aquí había poco que nos interesara, salvo a veces el tener que esforzarnos para mantener las ramas de los árboles lejos de nuestras caras. El riachuelo se hizo más estrecho y, por fin, un corto punto de tierra dio evidencia de que estábamos frente a la aduana de Aceituña.

CAPÍTULO VI: EN HONDURAS NO CONOCEN LOS SOMBREROS

El Sr. Z., el oficial de la aduana, me ayudó a salir del bote y me condujo a su vivienda. Esta era una casa baja con techo de paja, separada solo por un montículo y un parche húmedo de hierba del borde del arroyo. La entrada se abría a la sala principal, que era una combinación de recepción y almacén. Los lados de las paredes de tablones estaban equipados con hileras de estantes de madera, y sobre estos había paquetes de todas las formas y tamaños. Parecían predominar los fardos de fibra de coco; y varias capas de pieles de vaca estaban en los estantes bajos. Pilas de lo que supuse que eran granos, o semillas, se apiñaban aquí y allá; y un gran montón de frijoles blancos, y una medida encima, llenaba por completo una esquina.

El piso era el típico piso de tierra, aplanado tan duro como el hierro, desnivelado aquí y allá; tanto así, que requería de algo de atención para poder caminar seguramente sobre él.

Una hermosa hamaca, colgada de las vigas del techo, y una mesa de madera, eran todos los muebles de este departamento. Como adorno había colgado de un clavo un bastidor bordado de gran tamaño; sobre el lienzo de este había una representación en curso de un guacamayo muy alegre contemplando unas uvas notablemente finas. Un patrón de trabajo de lana de Berlín se exhibía en un clavo más arriba, y así se podía ver en su totalidad la magnitud de la tentación del guacamayo.

El oficial de la aduana, siguiendo la dirección de mi ojo, dijo "*mi sposa*, ese es su trabajo". Alguien se acercó a la abertura que separaba este apartamento del interior. Se trataba de '*mi sposa*', una linda joven india, que parecía muchos años más joven que su señor, y a la que seguía una chica aún más joven, a quien me presentó como su hermana. Ambas vestían el traje de *nagua*, aunque se diferenciaba un poco del estricto estilo mexicano. El traje de *nagua* consiste en una camisola, muy trenzada en los brazos y alrededor de los hombros, dejando la garganta al descubierto. Un mechón grueso de cabello generalmente adorna la extensión de la espalda entre la nuca y los hombros, y un corpiño bien proporcionado de algún color brillante cubre a la persona hasta la cintura. La chica mexicana aquí usa enaguas de varios tamaños hasta llegar a los pies; pero estas mujeres hondureñas se contentaron con una prenda corta, bastante bonita, pero no tan pintoresca; y les faltaron los adornos de plata y los bordados que se añaden al "maquillaje" de la dama mexicana.

Sin embargo, los hermosos ojos y los pies bien formados de la esposa del oficial de aduanas eran bastante atractivos; y su voz cultivada y pronunciación elegante demostraron que había recibido cierta educación. Señalé su obra y le pregunté dónde había aprendido a bordar.

"En la escuela, muy buena escuela", respondió ella; y añadió, en su hermoso idioma: "mi esposo es inglés; se casó conmigo porque he tenido algo de educación".

Y por más que eso, pensé, mientras miraba a esta elegante criatura; pero parecí muy seria y práctica, y comenté en respuesta que la "educación es una gran cosa para cualquiera".

"Ah, sí", interrumpió la hermana menor, "cuando es propiamente aplicada".

Quedé asombrada por este comentario, de tal persona y en tal lugar, que asustaba preguntarle a que se refería.

"Me refiero a que cosas muy malas son hechas a menudo por gente educada", respondió la damisela, con un movimiento de cabeza. "Tengo mis razones", continuó, "pero no diré más".

"Cosas muy malas son hechas a menudo", dije, "por gente que profesa mucho la religión; no debemos juzgar individualmente. Estos asuntos se deben ver de manera amplia y general".

"Sin duda la señora tiene razón", fue la respuesta, "pero tengo mis razones. ¡Ah¡, ¡he escuchado historias muy finas sobre las personas de Europa también!".

Me atrevo a decir que lo ha hecho; pero el tema se acabó cuando la hermana me pidió ir con ella a su habitación y quitarme el sombrero. "Usted dormirá aquí", dijo ella, señalando la hamaca con su mano, "y el guarda costa buscará a tu mozo".

"El guardacostas, ¿qué es eso?".

"Mire por aquí", contestó abriendo la puerta, que se había mantenido cerrada para mantener el cuarto fresco; "estos son los guardacostas".

Unos pocos hombres de muy buen aspecto, algunos en camisas y calzoncillos, algunos con chaquetas también, y todos portando mosquetes de un patrón muy anticuado, caminaban de un lado a otro. Uno de ellos, un hombre de aspecto notablemente fuerte, mantenía el paso regular y caminaba arriba y abajo con la regularidad de un centinela británico.

Aquí se unió a nosotros el Sr. Z. Dijo: "Este es el hombre que propongo enviar con usted mañana. ¿Hablará conmigo cuando se haya quitado el sombrero? Quiero contarle lo que he hecho para el viaje".

Entonces fui con la señora. Su habitación estaba separada de la habitación que habíamos abandonado, y era tan miserable en su alojamiento como el resto de la vivienda.

Al regresar a la habitación exterior, el Sr. Z. me pidió que comprara los animales necesarios para el viaje, y fijó un precio, que incluso yo, en mi inexperiencia, sabía que era exorbitante, y así lo dije.

"El precio de las mulas ha subido considerablemente", instó el Sr. Z.; "ahora son muy solicitadas en los distritos mineros".

"Probablemente, pero no voy a *comprar* ninguna mula; estaré contenta con *rentar* las que usted tiene hasta Aramecina. El Sr. Bahl le dijo en la nota lo que yo pensaba pagar".

No había más que decir de esto, y la esposa propuso que saliéramos a ver a los animales.

Un guardacostas trajo una pequeña yegua castaña, una criatura de buen aspecto, pero también trajo animales débiles.

"Allí está", dijo el oficial de aduana, "la que he arreglado para que usted cabalgue. Pertenece a *mi sposa*: es una gran mascota; *mi sposa* a menudo recorre grandes distancias en ella sin problemas".

En el prado había un macho de buen aspecto, que fue señalado como el que iba a usar Eduardo.

"¿Dónde está la mula de carga?", pregunté.

"Oh, vendrá en la mañana. Está descansando en un establo cercano". Abel, el hombre que iba a acompañarnos, sonrió. Pensé que había algún raro aquí.

La madrugada, que es hermosa en este país, trajo con su primer resplandor a los guardacostas, la yegua, la mula y la mula de carga; nos alegró especialmente ver esta última. Para mi diversión, el Sr. Z. se ofreció a venderme los tres con una rebaja considerable del precio del día anterior. Afortunadamente cumplí con mi resolución de únicamente rentar.

Al montar, me di cuenta de que el pomo de la silla estaba fijo de forma inamovible del lado izquierdo. No hubo tiempo de arreglar esto y, en consecuencia, al partir, comencé a darme cuenta de que al principio no era nada agradable cabalgar rápido.

"No tenga miedo, señora", dijo Abel por fin; "tenemos un largo camino que recorrer, y si queremos llegar a Aramecina esta noche tenemos que ir un poco más rápido".

Acostumbrada, o casi, al movimiento inducido por la diferencia entre la forma de montar inglesa y española, recuperé la confianza y me dispuse a aumentar la velocidad.

"Espere a que nos desviamos a la izquierda, señora; habrá más sombra, y entonces podremos seguir bien", remarcó Abel alentadoramente.

Eduardo se había adelantado; cuando se acercaba a la carretera y giraba a la izquierda, vimos que la mula de carga se soltó repentinamente de su agarre y se lanzaba a toda velocidad entre los árboles, seguida por Eduardo galopando con todas sus fuerzas.

Esto hizo que la yegua se inquietara un poco, pero el fuerte brazo de Abel la sometió. "Vayamos por el camino de la izquierda", dijo; "tendrá que desmontar y esperar mientras yo sigo. La mula de carga ha salido disparada".

Girando hacia el camino de la izquierda, que era poco más que un camino de herradura entre arbustos y hierba suave y agradable, el hombre me desmontó y al mismo tiempo ató a la yegua a un arbusto. Había mucha hierba, por lo que al menos la mula estaba muy a gusto.

"No se preocupe por quedarse sola por un rato", dijo Abel; "es bastante seguro. Mejor sigo a Eduardo rápido. Ah, ya era el momento", dijo, regresando con algo en su mano. Era mi peineta, en dos partes y llena de tierra y arena.

Lo acompañé un poco, y tuve el placer de recoger una de mis pantuflas, parte de un librito, y muchas otras cosas con las que había empacado mi bolso. Más adelante estaba mi larga caja de hojalata, desabrochada, de hecho, pero hundida por lo que era inconfundiblemente una violenta patada en la dirección equivocada.

"Ah", dijo Abel, contemplando esto, "la mula es salvaje; se ha dirigido a los árboles, y el equipaje se ha soltado; espero que no haya un accidente. Señora, lamento dejarla sola, pero es mejor que vaya tras Eduardo".

Así que salió a un trote veloz, y yo me quede literalmente a levantar las piezas. Un poco más adelante estaba una camisa que había comprado en la tienda del señor Bahl para regalársela a Eduardo. El chico estaba tan fascinado con ella qué había dicho que la iba a usar cuando llegara a Comayagua para visitar a sus amigos.

Aquí estaba, en pedazos, y una parte bastante rota. El suelo tenía marcas de cascos en todas direcciones.

Todas las pequeñas cosas que había recolectado para refrescarme en el camino fueron destruidas sin piedad. Aquí unas galletas molidas en polvo y amalgamadas libremente con la madre tierra; allí algunos plátanos y bananas reducidos a pulpa; en otro lugar estaba mi lata de sopa portátil, casi irreconocible.

Afortunadamente, tal vez, tuve tanto que hacer para juntar estos fragmentos, que apenas tuve tiempo de pensar en lo desafortunado que había sido este primer comienzo mío. Se habrían desperdiciado al menos dos horas y no habría tiempo para descansar a medio día. Habiendo reunido todo lo que pude encontrar, me senté en una gran piedra cerca de la yegua, con la colección a mi lado, y con cualquier cosa menos satisfacción en mi mente.

Debió de haber pasado media hora, y entonces la yegua empezó a inquietarse y a mirar a su alrededor. Había escuchado voces y casi intentó apoyar la cabeza en mi hombro. Se ha dicho que era un animal de compañía; y realmente su acción parecía decir: "¿oíste eso?".

Para este momento había escuchado las voces claramente; así que me paré a un lado del animal y espere por los oradores.

Alrededor de una pequeña saliente sinuosa, que sobresalía del camino principal, vinieron hacia mí dos hombres de aspecto tranquilo. Levantando su sombrero (esa cosa fea; el sombrero propiamente dicho, se desconoce en Honduras), el mayor de ellos dijo: "Nos mandan a ayudarla, señora, dama inglesa. Hemos encontrado a Abel y el mozo. La mula mala, muy salvaje, no se deja volver a cargar. Abel pensó que usted nos permitiría llevarla. Somos leñadores y Abel nos conoce".

Me volví para montar, el chico más joven me ayudó. Mientras lo hacía, expresé la esperanza de que Eduardo no estuviera herido.

"No; él es un buen jinete, y la otra mula se portó bien. Pero, ¿cómo van a seguir?, esa mula es el *demonio* mismo".

Los hombres tomaron la caja larga entre ellos y se hizo un paquete con los escombros. Pronto llegamos a Abel y al muchacho, que estaban sentados en un pequeño banco. La mula de montar caminaba tranquilamente; la mula de carga estaba atado a un árbol y seguía pataleando rabioso.

"¿Qué haremos?", pregunté desesperada. "¿Sera mejor que regresemos?".

"Vamos a ver si la mula se deja cargar de nuevo", dijo Abel; "sería una lástima regresar. Lo intentaremos".

Los cuatro hombres se acercaron a la rebelde y fueron muy amables en su trato. Todo fue en vano. Tan pronto como sintió la carga en su espalda, se sobresaltó violentamente y se precipitó contra el árbol, con el decidido propósito de quitárselo. Abel ahora sacó su pañuelo y le vendó los ojos al animal.

Esto tuvo el efecto de tranquilizarla, y como estaba casi exhausta de tanto patear, la carga se volvió a colocar en su espalda sin mucha reacción por parte de la víctima.

Empacado todo, seguimos nuestro camino. Uno de los leñadores se ofreció a conducir a la mula refractaria. Mientras avanzáramos lentamente, todo era satisfactorio; pero en el momento en que intentamos cambiar de paso, la mula dio pelea. Incluso el equipaje fue inútil.

Los leñadores se vieron obligados a dejarnos; su trabajo estaba en otra dirección y no podían perder tiempo. "Lo siento mucho, estoy muy avergonzado", dijo el anciano, con énfasis en la última palabra, "lamento que el oficial de la aduana le haya dejado rentar esa bestia. Es un robo; la mula no está domado; es bastante joven, y no creo que haya llevado una carga más de tres veces en su vida".

"Abel no me dijo eso", dije.

"¿Cómo lo haría? Él es un soldado, y tiene que obedecer al oficial de la aduana; no debe hablar; pero sabe tan bien como yo que la criatura no pertenece al oficial. El señor Z. la ha rentado de un quemador de carbón que vive cerca de él, y no tengo la menor duda de que ha hecho un buen trato. ¿Le ha pagado de antemano?".

"Sí; he rentado estos tres animales para que nos lleven a Aramecina".

"¡Espero que llegue esta noche! Adiós, señoras; muchas gracias", mientras pongo un poco de dinero en su mano. Diciendo esto, nuestros dos asistentes siguieron su camino.

La situación era verdaderamente insatisfactoria, y las respuestas de Abel a mis preguntas no aliviaban el asunto. "A este ritmo", dijo el hombre, "nunca llegaremos a Aramecina esta noche; y tengo órdenes de regresar el animal mañana temprano".

"Pero la demora es culpa totalmente de tu amo; no tenía derecho de darme un animal sin domar para cargar el equipaje. Si no llegamos a Aramecina esta noche, ¿qué vamos a hacer?".

"Tenemos que quedarnos en un lugar llamado Goascorán; el jefe de ese lugar la recibirá. Es un doctor italiano, y tiene una tienda. ¡Oh, muy bruta, muy bruta!", interrumpió Abel, mientras la mula giraba bruscamente y araba la tierra con las patas, negándose a moverse, aunque Eduardo la arrastraba con todas sus fuerzas.

¡Así estaban las cosas! Era igualmente imposible avanzar o regresar. Afortunadamente, mientras consultábamos si realmente debíamos regresar a Aceituña, nos encontramos con un campesino que montaba una mula de buen aspecto. Abel se apresuró a ir hacia él. Esperaba que fuera una breve charla y las cosas salieran bien. El equipaje fue transferido de la mula refractaria a la mula de montar del cónsul, y el paisano nos prestó su animal para nuestro uso. Entonces nuestro desenfrenado amigo fue entregado al cuidado del hombre, y se hicieron algunos arreglos sobre cómo este tesoro iba a ser devuelto a su dueño. Fue repugnante verlo irse tan manso como un ratón en el momento en que se lo llevaron.

"Estas criaturas son muy sabias", dijo Abel; "sabe tan bien como yo que se ha llevado lo mejor de esto. Conozco a ese hombre: va a llevar al animal a un establo". Luego continuó con una sonrisa: "sin embargo, a mi amo no le va a gustar que hayamos convertido a Carlos en una mula de carga".

"El amo se ha portado muy mal. ¿De verdad estás obligado a llevar a las mulas de regreso en la noche?".

"Tengo que obedecer órdenes, señora; soy un soldado".

"Hemos perdido tanto tiempo que estoy segura de no poder cabalgar hasta Aramecina; en las mejores circunstancias habría sido un largo trecho. Muy bien; me detendré en Goascorán, y le escribiré al cónsul Bahl y le diré lo mal que se ha comportado el Sr. Z. Debe haber sabido que esta noche no llegaríamos a Aramecina".

"No puedo decir, señora; pero está a muchas leguas".

"¿A cuántas?".

Abel no supo decirlo. En este país es imposible determinar correctamente la longitud de una distancia o la hora del día. Una importación al por mayor de relojes e hitos sin duda resultaría un beneficio nacional en esta dirección.

El sol ahora era feroz y habíamos abandonado la sombra del bosque y los árboles dispersos. Eduardo desmontó y le ofreció a Abel su turno para montar; pero este hombre fuerte y alegre declinó. "Déjame montar cuando esté cansado", dijo. "Yo me quedaré junto a la señora; es muy cansado para ella usar una silla que tiene el pomo del lado opuesto al que está acostumbrada; la yegua también está inquieta".

Así estaba. Un pájaro que pasaba, una vaca vagabunda tirando de un seto, todo la inquietaba; y más adelante, cuando nos encontramos con una manada de mulas, se precipitó en medio de ella, dando vueltas y vueltas, y exhibiendo una fuerte inclinación a salir corriendo. Abel explicó que los caballos tienen, en general, una gran aversión a las mulas extrañas; por esta razón, rara vez se mantienen juntos en el establo. La yegua estuvo muy bien con las mulas en casa, porque estaban acostumbradas y habían sido criadas juntas.

Sin embargo, avanzamos a bastante velocidad, deteniéndonos dos horas después junto a un bonito arroyo para tomar un refresco. Eduardo buscó entre las chozas del pueblo vecino, y logró obtener leche, tortillas y una deliciosa sandía.

Los hombres se alejaron un poco para fumar, y yo aproveché la oportunidad para lavarme los pies en el encantador arrollo. Se me estaban quemando por usar botas negras, el artículo más inadecuado para usar en países tropicales. Yo tenía una pequeña caja de hojalata que contenía un jabón cuadrado, que, afortunadamente, estaba en mi bolsillo, y así escapó a la devastación causada por la mula de carga; y con agradecimiento por este consuelo, me deleité en el agua deliciosa y con guijarros.

El pintor de ríos no puede encontrar en ninguna parte del mundo temas más encantadores para su pincel que los hermosos cursos de agua de la Honduras hispana. Las cascadas entre las montañas son simplemente magníficas y merecen ser clasificadas entre las mejores de cualquier país. Las aldeas más bajas y sucias del interior generalmente pueden mostrar un hermoso arroyo en el medio; y es, creo, como consecuencia de esto, que se desconocen la fiebre tifoidea y el envenenamiento de la sangre.

Estas plagas no son en este momento razones para morir en Honduras, como parece ser el caso en nuestra propia tierra. ¿Puede ser que el agua contaminada sea en realidad la causa principal de la mitad de las dolencias de los ingleses? Mi ferviente deseo para Honduras es que alguna vez merezca su nombre. *Hondo*, interpretado, significa estanque o arroyo; y los arroyos de esta hermosa región son tan puros y sanadores, que cuando la mano de hierro del progreso penetre aquí, su misión sea otra que la de manchar, por codicia comercial, la vida de un país.

¡Ah, cuántos en nuestra propia Inglaterra recurren a las bebidas espirituosas y a la cerveza, porque la única agua a la que tienen acceso está envenenada con químicos o se convierte en el receptáculo de todas las cosas inmundas!

Un cansado viaje bajo un sol abrasador y por un camino accidentado nos llevó a las afueras de Goascorán. Mis fuerzas estaban casi agotadas debido al mal camino y al movimiento incómodo causado por la forma de andar.

El fuerte y bondadoso Abel me llevó más de una vez por los arroyos más pequeños; porque, cuando llegó la oscuridad, la yegua se volvió inestable y, a veces, me llevó a aguas muy profundas. El calor también había sido muy abrumador; y así fue como con un sentimiento de alivio escuché una voz clara e incisiva que gritaba: "¿Es esa la señora de Aceituña?". Eduardo se había adelantado y el doctor italiano estaba a su lado para recibirnos.

CAPÍTULO VII: ¿QUÉ SIGNIFICA BOLO?

Cansada y agotada en las afueras de Goascorán, y deprimida por mis desventuras con la mula de carga, me alegré de oír la voz del doctor que gritaba: "¿Es la dama de Aceituña?".

"Sí, señor", respondió Abel por mí; "y ha tenido un día agotador. Se lo contaré ahora. Ven, Eduardo, detén a la yegua mientras la bajo de la silla".

Sin embargo, el doctor italiano, anticipó la atención; y de alguna manera (porque el poder de ayudarme a mí misma me había abandonado) estaba sentada en una mecedora, y un hombre bajo con rasgos finos me miraba fijamente a la cara.

"Está desmayada por el exceso de fatiga", dijo; "No hay más problema. Necesita un poco de coñac".

Fue a buscar esto y pronto me reanimé al tomar una porción del estimulante. Pero tenía un dolor sordo de la cabeza a los pies y me costaba trabajo hablar. Fue como de lejos escuché a Abel recapitular todas nuestras desgracias, bastante pequeñas, tal vez, en la zona templada, pero con el sol a 102° en la sombra, *otra cosa*, como dicen los españoles.

"Debieron haber descansado a medio día", añadió el doctor decisivamente. "Fue una vergüenza enviar a un animal sin domar; ¿y me dices que van a llevar el ganado de regreso esta noche?".

"Esas son mis órdenes", contestó Abel.

"¿Pero la dama los ha rentado, y supongo que ha pagado por ellos, para llevarla hasta Aramecina?".

"Así es, señor; pero, verá, no ha llegado allí. Yo estoy listo para seguir ahora, pero creo que será mucho para la señora. Lo lamento mucho. ¿Qué puedo hacer?".

El doctor reflexionó un momento. "Es mejor que regreses: quédate y refréscate un par de horas. También hay una buena luna. Puedo proporcionarle mulas aquí a la dama. Es mejor que pierda un poco a que se enferme. Por cierto", prosiguió rápidamente el doctor, "¿le dijeron a esta dama que había contratado animales por tiempo, o entendió que ibas a regresar con ellos esta noche bajo cualquier circunstancia?".

"Ella dice, señor, que entendió que las mulas estaban a su disposición hasta que llegara a Aramecina".

"Ah, bueno, me alegro de que sea un británico, y no alguien de este país, el que pueda comportarse tan mal con una mujer y, además, con una que viaja sola."

"Confía en los británicos para engañarse y estafarse unos a otros siempre que tengan la oportunidad en un país apartado; fíjate, digo en un país apartado", gritó una voz, que sin duda era un Inglés, aunque empleando el español con más fuerza que precisión.

"Me pregunto quién podría ser", pensé, mientras el orador pasaba a interrogar a Abel con un español más o menos malo, aderezado con un juramento británico rotundo aquí y allá. No pasó mucho tiempo antes de que se resolviera el misterio; porque un hombre corpulento, de rostro enrojecido y aspecto colérico, con un brillo alegre en los ojos, estaba de pie ante mí. Tenía el aspecto de lo que finalmente resultó ser un capitán retirado del servicio mercantil británico.

"Discúlpeme, señora", dijo él, "pero escuché que habían venido unos viajeros, y que uno de ellos era una dama inglesa. Lamento mucho que haya tenido un día así. Ahora bien, si quiere seguir con los animales en unas horas, cuidaré mucho de que no vuelvan a Aceituña hasta que no haya terminado con ellos. Soy rival para Abel, aunque es un tipo grande".

"Oh no, gracias", respondí rápidamente, "Abel ha sido muy bueno, muy atento conmigo, preferiría no continuar. De hecho, estoy tan cansada que agradezco poder descansar aquí".

"De acuerdo; pero si yo fuera usted, le escribiría al cónsul Bahl, quien es un hombre honesto, y le diría como se ha portado este oficial de aduana. ¡Bah!, ¿por qué Inglaterra envía toda su basura aquí?".

"No toda, seguramente", contesté, "debe haber muchas excepciones".

"Solo observe todo el ferrocarril de Honduras, señora", prosiguió. "Ese ferrocarril fue planeado y ejecutado por un grupo de becarios sentados en sus oficinas en Londres. Los prospectos que publicaron eran engañosos; se engañó a la gente para que invirtieran su dinero y tomaran acciones de él; se produjo un gran choque y muchas de las mejores personas de aquí quedaron completamente arruinadas. Sé que algunos de estos compañeros se suscribieron a la Sociedad para la Propagación del Evangelio, y otros para la Conversión de los Judíos. ¡Bla, bla, bla! ¡Tonterías!".

El doctor intervino. Remarcó que el capitán mismo había perdido mucho en el ferrocarril de Honduras, y la sola mención del tema casi lo hace *bolo*.

"*Bolo*; ¿qué significa eso?", inquirí.

"Borracho. Lo es moralmente ahora; y, quizá", añadió mi nuevo amigo, "también lo esté físicamente: es su punto débil".

Una chica india muy bonita, de ojos dulces y tímida, avanzó. Ella dijo: "No podemos tenerla muy cómoda esta noche, señora, pero mañana estará mejor. Don Graciano dice que debe quedarse hasta mañana".

Fui con ella a la casa y allí, en un rincón del almacén largo y bajo, había una cama cómoda, protegida de la vista del público por una inteligente disposición de mantas y cobertores. Eduardo, por deseo del anfitrión, había puesto algunos artículos de tocador. Esto fue un gran consuelo, pues los hondureños, por regla general, son bastante independientes de esta necesidad de la vida; de hecho, en el interior del país, poseer incluso la vajilla más insignificante es estar acreditado con más medios de sustento que los habituales. Así, en opinión de muchos, don Graciano sería considerado un hombre acomodado, si no rico.

Abel vino a despedirse de mí antes de que yo me retirara, y con mucho pesar me separé de este guía honesto y amable. Puse un pequeño recuerdo en su mano y le agradecí sinceramente la ayuda que me había brindado.

"Guardaré esto para mi próxima hija", respondió el compañero leal. "Se lo pondré al cuello y la llamaré *Inglesa*. Adiós".

El andar de la yegua y las mulas nos dijeron que Abel estaba en camino de regreso a su amable amo; y así todos nos volvimos hacia nuestro amado sueño. Fue extraño a la mañana siguiente, al mirar a través de las mantas, encontrarme acostada en la cama en una tienda de abarrotes. Sí; allí estaban los estantes cargados de tarros de encurtidos, botellas de vino, botes de té y lámparas de queroseno. Otros estantes contenían una variedad de artículos, todos adaptados a las necesidades de la vida en el campo; y un compartimento estaba completamente equipado con medicamentos y frascos de medicinas, sostenido en un extremo por un mortero, y en el otro por una gran máquina de vidrio, que en forma era algo entre una botella de agua caliente y un buzón. Una proyección ondulada, también de vidrio, convirtió este artículo en un tema de mi más serio escrutinio. Una pequeña silla en el ángulo de este compartimento, y una pequeña mesa delante de él, parecían anunciar que esta era la parte profesional del establecimiento.

Un golpe en algún lugar me hizo recobrar mis modales; y tuve el tiempo justo para cerrar la brecha en las cortinas cuando escuché una voz en algún lugar seguir el golpe de algún lugar.

"Discúlpeme, señora", llamó mi anfitrión, "pero es mejor que se levante. Abrimos temprano en estos lugares, y es posible que la gente venga a la tienda más temprano de lo que le gustaría. ¿Se siente mejor?".

"Mucho mejor, gracias", respondí, "pero aún muy cansada y con dolor de huesos".

"He preparado algo de medicina para que tome más tarde. Su mozo traerá algo de agua". Casi de inmediato, un gran cántaro rojo, de la forma que usaban hace muchos años en el antiguo Egipto, fue metido debajo de la manta, y rápidamente procedí a aprovechar lo que para mi es el mayor placer de la vida, a saber, un baño de agua fría.

Me vestí a tiempo para evitar contacto con unos hombres que habían entrado por la gran puerta de roble de la tienda; todos hablaban "mula" y fumaban como calderos.

El doctor había estado rondando por alguna parte y, al encontrarme lista, me llevó, sin ceremonias, a un apartamento interior. Allí, en una cama de hierro completamente cubierta por un mosquitero, yacía la chica que había visto la noche anterior, profundamente dormida, con un bebé moreno desnudo de unos tres meses acostado sobre su pecho. Don Graciano, con una sonrisa que suavizaba singularmente sus rasgos duros y finos, metió la mano por debajo de la cortina y sacó a la pequeña criatura, a la que abrazó con el mayor orgullo. "Mi hijita, mi primogénita", dijo. "Mire señora, está regordeta y muy limpia. Yo sigo la moda inglesa, y mi pequeña se baña noche y mañana. ¿No es así, mi perla?".

"Mi perla", que era tan marrón como una baya, bailaba y pateaba y se veía genial.

Este bebé ciertamente tenía mucha "curiosidad en sus ojos", y el traje de su naturaleza oscura nunca pareció hacerme consciente de que este pequeño espécimen humano estaba completamente "desnudo".

Al pasar por esta habitación, me llevaron a la galería trasera; aquí había mesas y sillas, y algunas tazas de café dispuestas en orden, aparentemente para uso inmediato. En un espacio de tiempo increíblemente pequeño, la madre de la bebé estaba a mi lado: parecía que la iban a lavar y vestir con una hazaña de prestidigitación. Llamó a un mozo, que evidentemente estaba al servicio de la casa, y le entregó a la bebé, apresurándose con gran presteza hacia la cocina.

Las cocinas siempre se construyen aparte de la vivienda en estos países; se componen principalmente del barro cocido llamado adobe. La batería de cocina no es extensa, siendo los utensilios principales, por lo general, un pequeño horno, una parrilla portátil, una piedra para enrollar y hornear tortillas, uno o dos platos y una cafetera. El humo puede escapar por el agujero en el techo, o puede salir a borbotones por la puerta, tal y como sucede: a nadie le importa una nimiedad como esta.

Don Graciano salió a esta veranda. "Tomaremos café directamente", dijo, "pero el desayuno normal es un poco antes del mediodía. Mozo, coloca las sillas". Y tomó al infante mientras hablaba.

Trajeron un delicioso café y pasteles de maíz y nos sentamos a la mesa. Dudé un momento y luego dije: "¿No debemos esperar a la señora?".

"Oh no", dijo el esposo, "ella está ocupada en la cocina; ella no come conmigo. Ahora quiero decirle que creo poder conseguirle mulas y un mulatero para usted; he estado hablando con Eduardo. No es un mal muchacho, pero es flojo; manténgalo trabajando y a su servicio. Bueno, como iba diciendo, hay muy buenos mulateros en Goascorán y le puedo recomendar uno en particular. Es un buen caminante y un hombre de primera, a su manera. ¿Me permite verlo por usted?".

Respondí agradecidamente: "Sí, por supuesto".

"Posiblemente pueda arreglarlo por usted. Marcos no es barato, pero sus mulas son muy buenas; y como tiene que vadear algunos ríos difíciles, su fuerza y su conocimiento le resultarán valiosos. ¡Mozo, mozo!".

"Estoy aquí, señor", jadeó el joven al salir de la cocina con la boca llena de tortilla y las manos llenas de un poco de pastel y miel.

Se le ordenó, según deduje, que llamara a un tal Marcos, a otro tal Vicente, y sobre todo al "sir", y que se diera prisa. La rapidez del italiano debe haber sido como una descarga eléctrica para el muchacho mitad hondureño y mitad español; pero evidentemente estaba acostumbrado.

Eduardo tenía una forma perezosa, holgazana y despreocupada de hacer las cosas, lo que lo hacía parecer más indolente de lo que realmente era. El doctor se abalanzó sobre él mientras lo observaba holgazaneando más allá de la veranda: "¿Fuiste por el equipaje de la señora?" dijo él.

"No me han ordenado nada", dijo el mozo. "¿Qué tengo que hacer, señora?"; con un ligero énfasis en "señora".

Miré a don Graciano, quien comentó: "Su caja de hojalata está muy sucia, y el resto del equipaje luce como si hubiera sido enrollado en arcilla. Está en el establo; y tú", agregó, volviéndose hacia Eduardo, "Será mejor que vayas a limpiarlo, no tienes nada que hacer".

El joven se hizo a un lado con la plácida compostura habitual de la raza española. "Ah", dijo don Graciano con aire de repugnancia, "estos tipos no se apresuran por nada bajo el sol: éste es uno de la verdadera raza. Ahora fíjese señora, haga que se apegue a su trabajo".

Don Graciano aquí me dejo porque le hablaron de afuera; y luego escuché su voz en todo su esplendor (corta, decidida e incisiva), tomando la delantera entre varios otros, cuyo número parecía aumentar a medida que pasaban los minutos.

"No; una vez más no, Enrico", dijo mi anfitrión, "no lo vas a hacer. Tus animales son malos, y eres flojo, para empezar. La señora no va a llevarte. Ah, aquí está el 'sir'. Que dice, 'Sir', ¿recomienda que este hombre viaje con su compatriota?".

Un resoplido desenfrenado, junto con la respuesta, me indicó que el individuo al que se dirigía como el 'Sir' no era otro que el capitán inglés.

"¡Dios mío, no!", respondió el 'sir'. "Solo hay un hombre adecuado para esta clase de viaje; ese es Marcos. ¿Dónde está ella?".

El "ella" suponía referirse a mí; y don Graciano salió y me condujo a la pequeña posición ventajosa que servía de consultorio.

Siendo el asunto actual "mula", el grupo se reunió en el extremo inferior de la tienda. Entre ellos había algunos hombres de aspecto respetable; evidentemente habían sido convocados para celebrar este convenio, y estaba seguro de que el doctor italiano haría todo lo posible por mí. De alguna manera confiaba más en él que en el 'Sir', aunque este último era un inglés.

"¿Puedo pasar del precio que usted mencionó anoche?", preguntó el doctor en voz baja. "Marcos está aquí; pero el pide más que cualquier otro mulatero, pero creo que sus mulas son superiores que las de los demás".

Pensé que el asunto había terminado, y le di al doctor autoridad total de arreglarlo de la mejor manera. "Recuerde", añadí, "que el dinero es un objeto para mí".

A estas alturas el hombre llamado Marcos había entrado en la tienda y se sentó en el mostrador de una manera relajada. El resto permanecía de pie y, con cigarrillos en la boca, hablaban, regateaban y gesticulaban de una manera que no habría deshonrado a un mercado de París. Aquí y allá se hacía referencia a "la señora"; y un buen tipo se acercó un poco a mí para dejarme constancia de que el 'sir' no sabía nada sobre el negocio y que, de hecho, estaría mucho mejor en el mar, así como nosotros enviamos a nuestros "objetores" a Hong Kong o Jericó.

Aproximadamente media hora pasó de esta manera; no se llegó a ningún acuerdo, y algunos de los hombres se fueron, prometiendo volver y retomar el tema más tarde ese mismo día. "La señora no sale hasta mañana por la mañana", dijo uno de ellos.

"Y solo si está descansada y bien", dijo el amable anfitrión.

Uno a uno los mulateros se fueron, hablando afuera sobre mi viaje.

Marcos saltó del mostrador y se acercó a mí. Tomando mi mano, me llevó a la puerta principal de la tienda. "Señora", dijo él, "mire esa mula, es una mula noble. Luisa la llevará hasta que se caiga. Tan dulce también"", continuó el hombre mientras le acariciaba la cabeza. "¡La querida!".

Era una bella bestia, del color de un ratón, con orejas negras y grandes ojos inteligentes. Realmente la admiraba y deleite a Marcos repitiendo después de él, "La querida".

"¿Me escogerá?", dijo el hombre. Soy mitad indio, y el indio siempre tiene buen oído y paso rápido. También se leer y escribir", añadió. "Un buen sacerdote tenía una escuela india. Algunos sacerdotes aquí son malos, señora, pero este, ¡Oh, señora! Él era bueno con los indios".

"Voy a hablar con don Graciano. Sin embargo, él cree que estas pidiendo demasiado".

"Entonces, señora, lo pondré así. Me pagará la suma que pido y podrá montar a su ritmo, sin prisas. Le daré su tiempo; y si quiere ir rápido un día y lento el otro, a mí me da igual. Me gustaría ir con usted".

"¿Serás cuidadoso al cruzar los ríos y me ayudarás a pasar los lugares difíciles? Me temo que te impacientarás conmigo, pues no soy una jinete atrevida".

"Por el Cristo que murió por nosotros", dijo el hombre, haciendo el signo de la cruz, "le serviré bien y fielmente".

Sentí que estaba siendo sincero; y así, entrando en la casa, le pedí al don que hiciera el acuerdo necesario.

"Ahora tome esta bebida que le he preparado", dijo este hombre activo, que nunca olvidaba nada ni a nadie. "Descanse un poco ahora, y después espero que me acompañe a la corrida de toros".

"¿Pelea de toros?", dije asombrada.

"Dije *corrida* de toros, señora; son cosas muy diferentes".

"¿Cuál es la diferencia?".

"Aquí es costumbre asignar anualmente tres novillos al caserío, con el fin de mejorar o criar el ganado. Cierto día se dejan los toros fuera del corral, y los jóvenes de la parroquia los persiguen, dándoles ventaja a los toros".

"El animal, cuando se captura, es llevado a un espacio cerrado, adornado con cintas y adjudicado públicamente al vencedor. Es una hermosa vista; porque, mientras se lleva a cabo la persecución, los otros hombres bailan con las chicas al son de una banda de música muy hermosa. Quiero que vea lo bien que hacemos nuestras fiestas entre la montaña".

Esta fiesta era la razón de la presencia de tantos mulateros en Goascorán; ellos iban a participar en el baile, pero creo que ninguno de ellos iba a participar en la corrida.

Por la tarde, el doctor, vestido de gala, toco a mi puerta, y estaba listo para escoltarme al prado donde iba a ser el baile.

"¿Dónde está la señora?", pregunté.

"Ella no va a venir. Tiene que quedarse y atender a la bebe. Nuestra sirvienta va a ir al baile por la noche, y todos los mozos se fueron a ver la corrida".

El sonido de un clarinete y una trompeta tocando un compás alegre anunció que estábamos cerca del escenario de la diversión. Un estruendo y voces que gritaban desde lejos proclamaban que el toro negro había sido soltado y que estaba lejos, corriendo colina arriba, con una veintena o más de jóvenes provistos de lazos que lo perseguían a toda velocidad a lomos de mula.

El primer baile fue la agraciada ronda de los mulateros.

A esto se le llama ronda porque los bailarines están rodeados por sus mulas, todas ataviadas con sus más alegres vestidos; algunos de ellos llevaban alforjas, a veces llenas de flores, a veces llenas de bebés. Estos últimos generalmente acompañaban a la banda vocalmente y hasta la saciedad.

Fue muy interesante observar las evoluciones de esta graciosa danza, y la infalible precisión con la que hombres y mujeres se entrelazaron entre los cuadrúpedos, bailaron hacia atrás, formaron un anillo en el centro, y terminaron todo cuando el mulatero en jefe levanto su machete, se paró solo en el centro y gritó: "¡Viva la ronda de los mulateros!". Después hubo un muy buen vals, el paso hizo con precisión, aunque los hombres llevaban sus botas de montaña, que son pesadas. La danza se llevó a cabo bajo dos árboles inmensos, justo en el hueco formado entre dos vertientes; pero aun así había mucho calor, y me preguntaba cómo podían trabajar con tanta persistencia como lo hacían.

Las mujeres y las niñas llevaban la mantilla blanca, en honor al día, vestidos blancos cortos adornados con algunos bordados brillantes trabajados en la tela, y todas llevaban flores. Las mujeres mayores y los chaperones iban vestidos normalmente con ropas oscuras, con la elegante mantilla negra sobre la cabeza. Lamento decir que esta elegante prenda de vestir está dando lugar a un tipo de sombrerito horrible que un viajero comercial francés, hace unos dos años, había introducido en el país. Vi a una joven rechoncha, ataviada con una de estas, junto a un mozo de don Graciano; y como parecía haber puesto todo lo que poseía en forma de cintas y flores sobre dicho sombrero, esperaba sinceramente que el espantoso espectáculo que presentaba alarmara a los espectadores para que olvidaran la mantilla para siempre.

Gritos y silbidos y una avalancha de bailarines hacia un espacio cerrado, anunciaron la captura del toro negro. Había corrido bien, se decía, y por eso había más mérito para el captor; y así ambos recibieron una maravillosa ovación. Como extranjera, se me pidió que pusiera en la mano del vencedor el cordón rojo, que generalmente se lanza alrededor del cuello del toro después de la persecución. Mientras lo hacía, alguien con autoridad proclamó que este toro había sido perseguido y atado con justicia por Trasquito Gómez, y que ahora era su premio legítimo. ¿Alguien lo negó? No; y así Trasquito y su toro se fueron a descansar. Se dejó salir a otro toro de su corral y se le dio una ventaja de siete minutos. Los jóvenes, las mulas y los lazos volvieron a la tarea, y los bailarines y la banda regresaron a los grandes árboles de castaña.

Me estaba cansando, así que después de beberme una copa de vino de montaña a la salud de Goascorán, don Graciano me condujo de regreso a su casa. En el camino me dijo que había hecho un trato justo con el muletero Marcos, en cuanto a mi viaje. "Es salvaje como un halcón", dijo don Graciano, "y tendrá la mayor cantidad de dinero; sin embargo, llévelo, es un espléndido muletero y sus bestias son de primera".

La chica india con su bebé, esta vez cubierta por el pañuelo de lino blanco que pendía de la cabeza de la madre, abrió la puerta. Me dijo que había un baile a gran escala por la noche, para la gente ordinaria, y que Marcos y Eduardo estaría ahí.

"No saldrá muy temprano, entonces", dijo don Graciano con una sonrisa.

Al amanecer salí, ya que quería mirar la escena del baile y la persecución, pero para mí decepción, una densa niebla lo ocultó todo de la vista. No había estado en la iglesia del pueblo, así que me acerqué, abrí la puerta y entré. Era pequeña y pobremente amueblada; pero arrodillados ante el pequeño altar estaban dos o tres adoradores reunidos. Esa media hora fue sagrada para ellos y para mí.

Para entonces, la niebla se había disipado por completo, y ahora, ¡contempla el cielo! Un mar de luz ópalo, sobre el que flotaban diminutas masas de suave color rosa. Una de las más grandes descansó durante un tiempo en la cima de uno de los picos de las montañas más bajas, como si una rosa hubiera caído sobre él y esperara ser besada.

Unos momentos después, todos los mechones rosados se habían desvanecido como una lluvia de hojas, y una luz azul verdosa brillaba a su paso, el heraldo del sol.

Se levantó de inmediato con toda la gloria de su fuerza, envolviendo la nube y el color en su túnica dorada; enrojeciendo la alta montaña y el humilde cañón con sus tintes reales, y sobre todas las cosas haciendo sentir su presencia. No me extrañaba, en ese momento, la devoción del antiguo persa, ni la del indio, cuya "prima" matutina era el culto a el sol.

Mi propio tributo (de mujer débil) fue un torrente de lágrimas. No podía ser reprimido, todo era tan hermoso y tan grandioso; ¡y la naturaleza parecía saludar, con amor de madre, a quien estaba sola en el mundo!

¡Un día caluroso era inminente! La hora preestablecida de partida ya había pasado, pues había deseado estar en la silla antes de que el aire se volviera tan caliente como el acero blanco. El axioma de que el tiempo se hizo para los esclavos se aplica muy rígidamente con el ejemplo en estas regiones; y nadie es, ni puede ser, puntual a una hora exacta o determinada. La "ley" de los cuarenta minutos no se considera en modo alguno una concesión liberal.

Sin duda, el baile de la noche anterior se había alargado, y tanto Marcos como Eduardo podrían estar durmiendo el sueño del "bailado". Recuerdo, también, que yo también fui joven, y cuántas veces un sirviente ha tenido que esperarme despierto a mí y a los míos hasta que volviéramos de un "salto" amistoso o de un baile del condado. ¡Pobres compañeros! Tienen una vida difícil y solo hay uno o dos bailes al año. Déjenlos dormir.

Reflexionando así, me abstuve de golpear la contraventana de madera, debajo de la cual Marcos estaba tendido en un banco, boca abajo e inmóvil.

En ese momento se oyeron ruidos de apresuramiento en la pequeña plaza frente a la casa de don Graciano, un pisoteo de mulas, sumado al parloteo de unas cuatro o cinco mujeres llenas de cotilleos, probablemente sobre la fiesta del día anterior.

Abriendo de par en par la contraventana y mirando a través de los barrotes de hierro que hacían de ventana, vi que el muletero se había levantado, sin duda despertó asustado por las voces de las mujeres. Nadie lo había despertado intencionalmente, porque los españoles y la mayoría de sus aliados de sangre tienen una objeción particular a despertar a un durmiente. El negocio más importante puede y debe esperar; el señor está dormido y no se le puede molestar. No importa si el sueño es normal; ya sea por fatiga y agotamiento, o simplemente por la siesta temporal inducida por el calor y la languidez, o por la ociosidad. "Se duerme" es concluyente; deja en paz al que duerme, hasta que la naturaleza, a su tiempo, le abra los ojos.

Había mucho que hacer, pues alistar una mula de carga requiere de cierta habilidad y mucho cuidado. A menudo, el descuido a este respecto causa mucho sufrimiento a los animales. Fue muy interesante ver los procedimientos de Marcos. ¡Cuán cuidadosamente dispuso las telas que se colocan primero en el lomo del animal antes de sujetar el equipaje, y cuán hábilmente pesó cada artículo para darle a la carga una pose igual! Eduardo ayudó con esto y don Graciano miró con atención el ensillado de la mula que me iba a llevar.

"Ahora iré a despedirme de la señora", dije, y me dirigí a la veranda trasera. La chica tenía a su pequeño bebé desnudo en el brazo; Lo tomé, y besándolo, dije: "Tendrás mucho placer criando a esta pequeña; y por lo que me ha dicho don Graciano, estás en camino de hacer una buena fortuna para ella antes de que pasen muchos años".

"Quizás sí", respondió ella, su tono tranquilo y equilibrado se rompió un poco, mientras le daba unas palmaditas en el hombro desnudo y le apretaba la mano, para agradecerle su hospitalidad. "Nunca la olvidaré", continuó diciendo, "nunca. El sonido de su voz, señora, cae como la gota de agua fría cuando uno se muere de sed".

Este elegante cumplido, expresado con tanta sencillez en el lenguaje más hermoso del mundo, me conmovió mucho más de lo que me halagó. Fue el resultado de la simpatía de la mujer por la mujer. Le había tomado la mano con marcado respeto y la había tratado como a la dueña de la casa; y la confesión de mi deuda, dirigida directamente a ella, pareció darle la mayor satisfacción. "Va con Dios", dijo, después de una breve pausa, y entró en la cocina, evidentemente sin atreverse a acompañarme al patio delantero.

Un pensamiento pasó por mi mente como un rayo; me pregunto por qué no se me había ocurrido antes. Este debe ser el caso. Don Graciano es evidentemente un hombre de posición y educación superior, y un blanco puro; la chica es inequívocamente de sangre india. Aquí hay un ejemplo de cómo seguir "la costumbre del país".

Tanto si mis conjeturas eran infundadas como si no (y sólo las basé en el estado de sujeción en el que parecía vivir esta joven), no tenía tiempo para la especulación, ya que el objeto de mi reflexión me esperaba, sombrero en mano, para ayudarme a montar. Subir a una dama a la silla de montar y caminar a la cabeza de la mula y conducirla y llevar su carga al aire libre, es uno de los deberes de la hospitalidad en estas aldeas lejanas. Es un vestigio de la cortesía de las razas antiguas: tanto los más bajos como los más altos observan rígidamente esta costumbre.

Pronto se hicieron los últimos arreglos para mi partida, y yo, una jinete tímida, sentí que Luisa, la mula y yo viajaríamos muy bien juntas. ¡Bestia dulce y hermosa! Dice bien de ella que me llevó cerca de ciento sesenta millas sin problemas ni peligro.

Este feliz resultado, por mi parte, fue más de buena suerte que de buena guía.

El macho era un poco difícil al principio y bailaba vigorosamente, con Eduardo en su lomo. Luego se supo que era un animal joven y muy valiente, y que Marcos lo estaba llevando a este largo viaje para domesticarlo y completar su educación. Después supe que Marcos tenía la intención de venderlo en el viaje de regreso, y sin duda podría hacerlo a un alto precio. Me alegré de escuchar esto, ya que aseguró un buen trato a los animales; no es que yo crea que Marcos era cruel por naturaleza, pero era un hombre duro, y no le hago una injusticia al decir que ganar dinero con el servicio de sus mulas era su primera y primordial consideración.

"Marcos es un buen muletero", dijo don Graciano, refiriéndose a él, en nuestras palabras de despedida, "pero él ama el dinero profundamente. Tenga en cuenta que todo está incluido en su contrato con usted; y asegúrese de no darle un *cuarto* para pagar el forraje o el establo de las mulas en los lugares donde quizás tenga que quedarse. Probablemente lo intentará; pero asegúrese de que en general haya mucha hierba y agua; los animales siempre están mejor cuando se alimentan por la noche".

Entonces Marcos y Eduardo se acercaron, y recibieron una peseta cada uno para sus gastos diarios; se acordó que les diera esta cantidad cada mañana al empezar, y así evitar problemas en las cuentas. Ya estábamos en camino a las montañas y, en pocas palabras más, don Graciano me deseó "buena suerte".

"Marcos me traerá noticias de usted cuando regrese a casa con las mulas", dijo al final. Este extraño hospitalario entonces regresó a su lugar de descanso, y sentí como si hubiera dejado a un amigo.

Paso más allá de Goascorán.

CAPÍTULO VIII: ¿HAY CARNE O TORTILLAS?

Viajamos unas cuantas millas en silencio, pues los hombres estaban apáticos por la falta de sueño, y yo estaba absorta en la belleza de los paisajes, y en admiración del glorioso país por el que estábamos pasando, como para querer conversar. Luisa, la mula, me llevaba bien, y su paso constante me daba la libertad de disfrutar del aire fresco de estas magnificas montañas Hondureñas, tan poco conocidas para el mundo exterior, y tan poco apreciadas para los que viven alrededor de ellas.

Aquí hay piedras, madera, árboles, arbustos y agua en gran escala; todos, por así decirlo, las mejores de su tipo; y las humildes flores silvestres, que adornan los fértiles valles que se extienden entre las hendiduras, son ricas en color y llenas de perfume. Las luces variables, el ópalo resplandeciente y la neblina de color púrpura oscuro alternando con el azul más claro del cielo y la profundidad más negra de la nube, mientras pasábamos por nuestro camino, presentaban una escena como nunca antes había visto, y nunca espero ver de nuevo.

Puede que escriba, tal vez, con cierta parcialidad; pues lo que el mar es para muchos, las montañas lo son para mí. Nací entre ellas, en los Pirineos, así que soy su hija. Cuando la enfermedad o la tristeza caen sobre mí, me levantaré e iré a las montañas. Ciertamente mi fuerza viene de ellas.

Subimos más alto, y en el aire elástico los hombres se refrescaron, y cuando llegó el hambre y el mediodía, acordamos detenernos. Había una hacienda pintorescamente construida en una hendidura de las sierras. Nos dirigimos hacia allí y nos alegramos de ver los castaños extenderse grandiosamente frente a esta heredad. Aquí había refugio para los animales, ya que el pasto y la sombra eran abundantes alrededor; nosotros podríamos colgar una hamaca en las ramas más bajas de los hermosos árboles.

La mula de carga fue liberada de mi hamaca y de la pequeña bolsa de provisiones solamente.

"Solo tenemos poco tiempo", dijo Marcos, "y como es su primer día de viaje, no se estresará si no la descargamos hasta la noche".

Poco después, la señora de la hacienda salió. "Mis sirvientes los vieron acampando", dijo con una sonrisa encantadora. "Tenemos enfermedad en la casa, y por eso mi prima y yo hemos venido a saludarlos aquí. Lamento no poder invitarlos bajo mi techo".

La joven a la que llamó "mi prima", era una hija preciosa de la vieja España, de unos quince años de edad. Ella habló poco, pero estaba interesada en conocer, por primera vez en su vida (parecía), a una dama inglesa, viajando por la Honduras hispana.

Esta sencilla y cortés bienvenida me alivió bastante; porque confieso que me había sentido algo avergonzada al caminar, literalmente con bolsa y equipaje, hacia el territorio de un extraño, y usarlo como si fuera una posada.

"Les enviaré un poco de leche y café", dijo la señora; "y después de esto, les recomiendo tomar una siesta. Usted parece tener buenos guías y animales. ¡Ah, los quiere en estas partes! Adiós".

La leche y el café, prometidos tan liberalmente, vino a manos de un mozo del lugar. Él nos dijo que su señora poseía grandes rebaños de ganado; de hecho, hasta donde alcanzaba la vista, los campos y laderas estaban salpicados de ganado. Entonces, después de ayudarme a meterme en mi hamaca, este mozo se colocó entre mis dos acompañantes, y los tres durmieron profundamente usando solamente la madera caída como almohada. Yo, en mi posición más elevada, simplemente descansé y le di una bendición al alma que inventó la hamaca.

Exactamente cuando pasaron dos horas, Marcos se levantó. Es seguro que un muletero se levantará en cualquier momento, y el casi siempre lo hace. Es la única acción de puntualidad en toda la república.

El mozo nos ayudó, y fuimos a buen ritmo a Aramecina. Era casi de noche cuando llegamos a la casa principal de este lugar. El pueblo era simplemente un cuadrado compuesto de chozas cubiertas de paja y amarillentas; la principal era posada, almacén general y mercado de forrajes combinados. Nada de interés aquí, como dice mi diario:

"Llegamos a Aramecina a las siete. Pasamos una noche bastante buena, ya que la mujer de la casa poseía algunas nociones de decoro. Bastante bueno, porque tenía un espacio con barandillas donde colgar mi hamaca, separado de la sala pública por mi alfombra de viaje y un chal colgado de un tendedero alto. Los hombres durmieron en la veranda. Había una palangana blanca en el establecimiento, y Eduardo la llenó de agua, y de alguna manera me las arreglé para lavarme".

Seguimos nuestro camino muy temprano la siguiente mañana y viajamos a buen ritmo. El campo se había vuelto un poco más quebrado y el follaje en grandes cantidades comenzaba a desaparecer.

Marcos me recogió unos racimos de quinina, que es un elegante arbusto en todas sus etapas. La flor es blanca, y tiene forma de cruce entre el penstemon de nuestros jardines y el stephanotis. Este último parásito encantador lo vimos en varios intervalos con gran profusión. La peculiaridad del crecimiento de la stephanotis es que requiere de algún otro escalador para sostenerse, y al mismo tiempo darle una ligera protección del sol. Así ayudada, la planta alcanzará una altura inmensa, y la he visto serpenteando alrededor de los troncos de grandes árboles y extendiendo ricos racimos de sus flores a lo largo y ancho, incluso si tiene el tallo más delgado de algún otro parásito alrededor del cual se enreda. Por sí sola, la planta generalmente se marchita y, en el mejor de los casos, se deteriora.

A medida que avanzábamos, las cordilleras arenosas se volvieron difíciles para los pies de las mulas, y fue aquí donde encontramos por primera vez un espécimen de las plantas acuáticas del país. Eduardo la reconoció al instante, y mientras cortaba su grueso y fibroso tallo con su machete, brotó un líquido acuoso, que tenía un sabor bastante dulce. El mozo había olvidado el nombre de esta planta, pero dijo que era común en Honduras. Mencionó otra de las especies raras, a la que calificó de peligrosa y que, por su descripción, creo que debe haberse referido a la mimusops balata, planta que da agua y goma india.

Se cuenta la historia de que un francés que pasaba por Guayana se encontró con esta curiosa producción de la naturaleza. El frescor del líquido al probarlo lo indujo, como medida de precaución, a calificarlo con algún tipo de alcohol. El jugo del arbusto se coaguló en el estómago del infortunado viajero, y luego de un tiempo de intenso sufrimiento murió. Se llevó a cabo un examen y se descubrió que los órganos internos estaban literalmente cerrados por goma india.

Por lo tanto, los viajeros en los países tropicales deben entender bien que se debe tener mucho cuidado en el uso de estos maravillosos aliviadores vegetales de la miseria humana: la sed.

El calor cada vez mayor, y la decepción de no poder encontrarnos con ningún refrigerio en ninguna de las cabañas por las que pasamos, nos hacían sentir más o menos fuera de lugar. Pasando un estrecho riachuelo, le pedí a Marcos que me llenara de agua la cáscara de calabaza que los caminantes de aquí llevan siempre en el cinturón. "Tengo tanta sed", dije; "Por favor, atiéndeme rápido".

En vez de cumplir mi pedido, el hombre giró y se negó. "Ni una gota, señora", dijo él, "le haría daño. Su muletero no debe dejarla beber aquí; sería malo para su salud".

"¿Por qué, Marcos?".

"Porque, señora, el fondo de este riachuelo está lodoso; no hay arena ni grava; y ¡mire, mire! ¡No le gustaría correr el riesgo de tragarse uno de estos!" Señaló una planta cerca de la pezuña de la mula: estaba cubierta de flores de color marrón oscuro, que resultaron, al inspeccionarlas, ser sanguijuelas.

"No, no", dijo Marcos, "nada de esto para usted, señora, ni para Eduardo o las bestias. Conozco mi deber".

Estaba seguro de que lo conocía, y aunque mi sed era grande, no dije más sobre el asunto del agua, más bien propuse que compartiéramos una botella de vino que don Graciano me había dado generosamente, como él dijo, "para emergencias".

La botella pronto salió de la bolsa cargada por la mula de carga, fue rápidamente descorchada, y salió vino para mí. En cuanto lo probé le regresé la calabaza a Marcos, con una expresión de disgusto.

Marcos lo probo, y después Eduardo; caras de desdén y repudio fueron el efecto inmediato después de probar la bebida.

El asunto pronto se explicó por sí solo. El calor del sol y el trote habían convertido el vino en un vinagre muy fuerte. No hubo nada que hacer, y se decidió que sería mejor llegar a San Juan del Norte lo más rápido posible.

Habíamos conocido a un campesino por la mañana, en su camino a trabajar en un campo de maíz; nos dirigió a San Juan del Norte, por ser un buen lugar donde pasar la noche y reabastecer nuestras provisiones, que se estaban volviendo muy bajas. Por tanto, avanzamos con gran vigor hacia San Juan del Norte.

El carácter de la tierra había cambiado mucho y pasamos por un prado pantanoso, que no presentaba características interesantes y era muy pesado para los pies de la mula. Viajamos a través de este durante algún tiempo, y una lluvia suave y espesa, que cayó con el crepúsculo, no mejoró las cosas. Por fin, bajo un aguacero, llegamos a San Juan del Norte, después de haberse adelantado Eduardo para conseguir alojamiento y buscar la vivienda más digna.

Vi por la expresión del rostro del muchacho, cuando entramos en una pequeña plaza de casas mezquinas, que estaba lejos de estar encantada con los alojamientos que la necesidad nos había impuesto.

"Es un lugar espantoso, señora", dijo en un susurro; "He estado en dos casas, pero la de esta anciana parece la mejor".

Miré a mi alrededor antes de desmontar y vi a una anciana, que podría tener cualquier edad que ella escogiera después de los setenta, con el pelo blanco y un par de ojos y cejas negros muy hermosos. La seguía un grupo de hombres, que podían ser sus hijos y nietos; más allá de ellos había varias chicas, la mayoría de la clase más baja, que miraban con todas sus fuerzas, pero no dijeron nada. Estaban esperando a verme desmontar. Nunca pude explicar si la causa era la fatiga, combinada con el largo ayuno y la humedad, porque no me había sentido mal; pero en cuanto Marcos me colocó en el suelo, todo San Juan del Norte pareció girar sobre un pivote y caí desmayada. Una sensación de ser arrastrada hacia adelante, y el sonido de voces lejanas, fue la última percepción de mis sentidos. Durante muchos minutos, todas las cosas se perdieron en la total inconsciencia.

El regreso a la vida no se efectuó con el método habitual de administrar agua fría, sales aromáticas u otros reconstituyentes adecuados para el ataque; pero el aguardiente picante, que Marcos no sólo me aplicó en las fosas nasales, sino que también me obligó a tragar, fue lo suficientemente fuerte como para despertar a un rinoceronte del más profundo desmayo.

Mis ojos se abrieron rápidamente y, levantándome a la mitad de la hamaca, solté un grito ahogado: "¡Oh, denme aire! Marcos, aleja a estas personas; ¿y de dónde sacaste esa cosa horrible?".

La anciana avanzó y se paró con dignidad: "Señora", dijo, "no se ofenda; estas personas vienen a recibirla como se suele en el país; es nuestra costumbre que todos los habitantes salgan y le ofrezcan la bienvenida a los extraños que entren en nuestra villa. La lluvia no le ha permitido a todos estar aquí, pero vea, aún hay algunos".

Al mirar más allá de ella, vi que varias personas estaban de pie en un grupo cerca de la puerta, y evidentemente con la intención de permanecer allí hasta que se dijera o hiciera algo. Así que, bajándome de la hamaca, bastante débil y aturdida, me las arreglé para hacer una reverencia a los presentes y decirle a la anciana en particular que esperaba que los habitantes me perdonaran, porque estaba realmente enferma y que era importante estar sola por un tiempo.

El grupo en general parecía inclinado a quedarse; pero Marcos pasó entre ellos, y con un movimiento de una mano abrió la puerta, mientras que con la otra les indicó que salieran rápidamente. Esto se hizo con aire de emperador y sin pronunciar una sola palabra.

Marcos entonces le pidió a Eduardo que fuera a cuidar a las mulas, y volviéndose a la mujer dijo:

"¿Hay leche aquí?".

"Nada", fue la respuesta.

"¿Hay carne o tortillas?".

"No", fue la respuesta decidida.

"¿Hay café?".

"Tampoco".

Este era el estado de las cosas; y aunque la mujer era perfectamente cortés, no hizo el menor intento por aliviar las cosas.

El muletero, encogiendo los hombros, salió luego, diciendo que debía ir a comprar la comida, donde pudiera encontrarla, y yo me quedé sola con la "señora" de la casa.

"¿Puedo tener algún lugar privado?" Le pregunté gentilmente. "Cualquier rincón servirá, ya que he traído mi propia hamaca".

"Puede colgar su hamaca de estos ganchos", contestó, apuntando a dos grandes barras de hierro que salían de la viga sólida a lo largo del techo.

"¿Pero no tiene apartamentos para que duerman las mujeres de su familia?", Inquirí.

"¿Para qué? Todos colgamos nuestras hamacas en este cuarto por la noche. Yo tengo una cama porque soy muy vieja para moverme mucho. Nos acostamos vestidas, y cuando los hombres salen a trabajar por la mañana, nos cambiamos".

Le pregunté a los guías que llegaron poco después de terminar este diálogo, sobre lo que se debía hacer; y pregunté si mi hamaca no podía colgarse en la veranda en la parte trasera de esta vivienda.

Me dijeron que esto era imposible. La lluvia caía con fuerza. Debo acostarme con mi ropa, y al día siguiente saldríamos lo más temprano posible. Mientras tanto, Marcos había podido preparar un poco de café y sugirió que, en ausencia de mis guías que fueron a traerlo, podría cambiarme los zapatos y arreglar mi vestido lo mejor que pudiera.

No había nada más que hacer; y después de colgar mi hamaca y arrojar el mosquitero sobre ella, se suponía que debía ser "bastante privado", aunque en el transcurso de la noche seis personas de diferentes sexos se subieron a las otras hamacas y se acostaron para el descanso de la noche. La anciana se quitó la prenda superior, se ató la cabeza con un pañuelo de algodón, entró en su cama y, sin cortina ni mosquitero, partió a la tierra de Nod.

La lluvia había empujado a los mosquitos al interior de la vivienda y, una hora más tarde, estas plagas se volvieron intolerables. Un movimiento del exterior llamó mi atención, y luego entró un muchacho con una cazuela de hierro, encendió una vela que estaba pegada a la pared y, al regresar a la cazuela, pareció agitarlo. En ese instante un humo y un olor espantoso invadieron toda la habitación, sofocante y nauseabundo en extremo. Saqué mi cabeza de la red y me quedé preguntándome qué podría significar esto; pero nadie más parecía molestarse, ni siquiera darse cuenta de la molestia. Nunca pase una noche más miserable; y fue con la mayor gratitud que vi un destello de la luz de la mañana a través de la puerta que se abrió para dejar salir al primer levantado.

Eduardo pronto entró, y esperaba que yo no hubiera sufrido por el humo, un olor que aún prevalecía en el apartamento.

"Es peor que la turba", dijo, "porque son los excrementos del establo los que, cuando se secan, se queman, y son el remedio más eficaz que se conoce contra la invasión de mosquitos por la noche; pero yo sé, señora, el olor la debe haber casi envenenado".

Poco después, las mulas y el equipaje estaban listos, y Marcos me informó con gran satisfacción que había podido conseguir un suministro de queso. Este "queso2 en realidad no es nada mejor que la cuajada, muy amarga y dura, con bordes amarillos. Al estar muy comprimido, ocupa poco espacio y se suele comer con tortillas en todo el interior.

Dejamos la casa de la anciana, y mientras ponía una pequeña muestra de gratitud en su mano, le agradecí por el refugio que su techo nos había ofrecido. Esto era correcto, ya que estaba en su poder habernos negado la admisión por completo; y no correspondía a un viajero quejarse cuando el entretenimiento proporcionado era como el más alto y el más bajo del país al que están acostumbrados como algo natural; y, de hecho, no conocen a ningún otro. Me habían dado un cuenco de leche que bebí antes de montar, y así me sentí lista para el día.

Nuestro viaje, después de algunos kilómetros, comenzó a ascender y poco después estábamos muy arriba en las montañas. Aquí, perdiendo la exuberancia de la hierba, nos encontramos con rocas, cedros y pinos. Grupos de estos últimos crecieron con gran profusión, perfumando el aire con el peculiar y saludable olor del abeto de Alepo, que, alternando con masas del elegante árbol deodara, daba un magnífico vestido a extensiones de tierra que de otra manera estarían desnudas. La montaña no era alta, pero el descenso por el otro lado fue tan abrupto que me alegré de desmontar y caminar, a pesar de que el camino era poco más que un conjunto de piedras sueltas, mezcladas con grava y polvo. Poco a poco este camino se fue haciendo más angosto y entramos en un alto desfiladero lleno de rocas y hoyos, y enormes raíces de árboles, que cada paso tuvo que ser recogido con cuidado, y nuestra cautelosa mula de carga resbaló por primera vez; y más de una vez parecía estar a punto de caer de cabeza.

Aquí no pude evitar admirar la maravillosa habilidad y, puedo decir, el tacto tanto de la mula como del muletero. Marcos corrió hacia adelante y con la cuerda que iba atada a la cabeza guiaba a la mula de carga hasta otra parte, o saltaba con ella de piedra en piedra; Luisa se detenía, miraba lo que pasaba al frente e imitaba precisamente lo que estaba haciendo su compañera. El macho, siendo más joven, requirió todo el cuidado de Eduardo, y a menudo mostraba la inclinación de triturar cada piedra que se pusiera en su camino. Algunas veces las bestias se reusaban a caminar por donde Marcos las guiaba; y cuando se negaban a seguir el camino era porque había un hoyo o algún obstáculo que el muletero no había visto. Marcos, por su parte, nunca insistía en llevar a las mulas a donde ellas se negaban a ir. "Son muy sabias", dijo él; "ellas saben mejor que yo por dónde caminar. Les gusta mi ayuda cuando realmente la necesitan. ¡Pobres mulas!".

Luego, con un toque o una palmada, se les dijo a las mulas, conversando, lo difícil que era para nosotros; y más adelante el hombre gritó: "Mulas, mulas, ¿no oyen el sonido del agua? ¡Vamos, mulas, vamos!".

Un agradecido sonido que todos escuchamos, el de un ruido sordo y rápido, que sube y baja como el murmullo del viento. Era la voz de un torrente bravo, que fluía a la salida del desfiladero. Salvo el correr de los pies de los niños pequeños sobre un piso superior, no hay sonido más dulce para mí que el murmullo de un arroyo que corre sobre un lecho de guijarros en la calurosa marea de verano. Cansados y sucios por el viaje como estábamos, ¿qué en la naturaleza podría darnos una bienvenida más amable que la llamada del agua deliciosa, con su cascada, chorros y suave flujo? Agua que contenía una miríada de voces amorosas, una de las cuales especialmente parecía decirnos que estaba esperando para lavarnos los pies, y desplegar un amplio velo de gotas argentinas, si descendiéramos más a sus profundidades para bañarnos y revivir. Habíamos escuchado su llamada desde lejos;

y ahora las mulas apresuraron el paso y olisquearon el aire, y nosotros, los seres humanos, nos recuperamos y marchamos valientemente hacia adelante, porque por un camino sinuoso enfrente habíamos divisado un destello de la corriente agitada, un amigo en verdad.

Eduardo corrió hacia adelante y, como un niño, se precipitó al arroyo, bailó de piedra en piedra, bailó de nuevo, hundió la cabeza en el agua y gritó: "¡La agua, la querida agua!"; y luego, entre él y Marcos, me bajaron de la silla, y con sus fuertes brazos me sentaron en la orilla del lado opuesto, maravillada.

Un momento o dos después me llenaron una calabaza para mi uso, y me pidieron que me sumergiera en *El Hondo*, el dios del agua de esta hermosa región, de quien la antigua leyenda dice que se deriva el nombre de Honduras.

Querido espíritu del agua, quienquiera que seas, o quienquiera que hayas sido, te bebí con una bendición; ¿No me sentí agradecida de que por fin, en tus dulces dominios, pudiera darme el lujo de un baño saludable y vivificante? Me olvidé de San Juan del Norte y todos sus males, mientras pedía a mis asistentes que buscaran un lugar apartado en el que pudiera lavarme y estar limpia. De buena gana brindé por *El Hondo*.

Las mulas fueron llevadas y descargadas. Había mucha hierba y decidimos quedarnos dos horas en este lugar sombreado; pues aquí parecería que el sol se hubiera retirado a favor de *El Hondo*, y estábamos dispuestos a aprovechar las comodidades que se derramaron sobre nosotros. Eduardo sacó de entre los mantos una vieja bata azul, que por lo general me había servido de colchón para mi hamaca; y armada con jabón y toallas, me dirigí al primitivo lugar de baño.

"Ahora, señora", dijo el bueno joven, "tendrá tanta privacidad cómo es posible; nos alejaremos bastante, y nos aseguraremos de que nadie se acerque a usted. Marcos y yo prenderemos una fogata, haremos café, y comeremos nuestro desayuno antes de que usted termine. Además tendré su desayuno listo; haremos huevos; y después de que haya desayunado, fumaremos y dormiremos; ¿eh, señora?".

Esto me pareció bien, y encontré mi camino un poco río arriba, en una curvatura en la orilla, que sirvió mucho para el propósito, ya que estaba cubierta por un grupo de arbustos bajos, y en el centro había una piedra alta sobre la cual una cascada con la fuerza suficiente hacia el papel de regadera. Sería descortés pasar por alto el disfrute del delicioso lujo, sin decir una palabra a los que se sientan en casa, y tal vez no puedan creer que se pueda tomar un baño de esta manera al aire libre sin alguna infracción de la delicadeza.

"Amigos míos", les respondo a esos objetores, "hay mucha más falta de modestia en los lugares de baño de Brighton, Havre, Dieppe, donde los trajes rimbombantes exhibidos bajo el nombre de 'traje de baño', en muchos casos son suficientes para llenar de terror al espectador más endurecido. Observen los objetos gordos que cruzan la paya con trajes hasta las rodillas y desnudas arriba; y que saben, o no están dispuestos a darse cuenta, que sus conocidos masculinos están mirando con más o menos de crítica, dependiendo si sus sentimientos sean benévolos o malévolos".

Aquí no había una multitud boquiabierta y sonriente, y me sentí convencida de que mis guías aborrecerían el menor intento de mirarme hasta que me vistiera. Si hubiera deambulado con un atuendo de arlequín, como se ve constantemente en los bañistas de los elegantes abrevaderos de Inglaterra, ellos, en su incivilización, me habrían mirado con el mayor desprecio, y tal vez me habrían llamado loca. De modo que mi baño comenzó y terminó con agradable tranquilidad y privacidad; y habiendo llevado mi bata de baño a un arbusto donde brillaba el sol, no tuve nada que hacer más que comer mi desayuno, extendido sobre hierba suave, alrededor de la cual crecen, en gran profusión, muchas variedades de *Digitalis*.

Las mulas también habían sido frotadas y restregadas; el arnés y el equipaje estaban cuidadosamente guardados bajo los árboles, y los hombres, después de atender mis necesidades, se fueron a fumar y se durmieron.

Se habían ganado el lujo bien y con justicia, por lo que prometí hacer guardia; y mientras dormían, me senté debajo de un árbol y dispuse las páginas de mi diario, un pajarito gris, con alas de punta escarlata, que sólo miraba de cerca de vez en cuando para ver que Soltera estaba haciendo las cosas con bien.

La deliciosa frescura y el silencio del lugar eran más que una compensación por la miserable noche anterior; y fue con verdadera desgana que grité "¡tiempo!", cuando las dos horas asignadas para el descanso habían transcurrido.

El sol estaba fuerte cuando, después de una cuidadosa recarga, nos pusimos nuevamente en camino; el viaje iba a ser puro ejercicio de piernas y por la ladera de una gran montaña que en poco tiempo se volvió tan cansada, que era todo lo que podía hacer para mantenerme en mi asiento, e incluso Marcos se alegró de cabalgar más tiempo en su turno con Eduardo de lo que solía.

Nuestro alojamiento de esta noche fue más confortable, siendo este en una granja un poco fuera del camino. El día siguiente transcurrió de manera normal; y el día después de ese tuve la oportunidad de aprovechar el consejo de don Graciano con respecto a la costumbre de Marcos de hacer dinero de todas las formas posibles.

Llegamos a una pequeña aldea y descubrimos que el maestro había puesto amablemente a nuestra disposición el aula pública. Mi hamaca se colgaría en la habitación y los hombres dormirían en los bancos de la veranda.

Recién me había acomodado para dormir cuando, para mi sorpresa, Marcos levantó el cerrojo y entró.

"Señora", dijo él, "quiero medio dólar, por favor".

"¿Para qué?" ¿Por qué vienes a esta hora?"

"Puse a las mulas en el establo del lugar, y quiero el dinero para pagar por ellas". Esto con un aire decidido.

"No, Marcos", contesté, "no te daré el dinero. En primer lugar, no tenías derecho de poner a las mulas en los establos públicos sin consultarme; en segundo lugar, sabes que prometiste nunca hacerlo a menos de que hubiera escases de pasto y agua".

"Hay escases de pasto y agua aquí".

"Eso es raro, Marcos; el maestro me dijo que aquí había abundancia de las dos cosas; además, miré a Luisa comer en un prado hace menos de una hora".

"Entonces no pagará por el establo, Señora".

"Ciertamente no; tu puedes pagar si quieres", contesté.

"Señora", respondió Marcos, "si no me da el dinero, voy a dejarla y regresar a casa cuando lleguemos a Comayagua".

"No, Marcos; si me dejas, te iras mañana por la mañana. Podemos arreglarnos en la oficina del alcalde aquí; romperás tu contrato, y por eso debo poner los papeles ante el alcalde, y el va a establecer lo que debo pagarte. Buenas noches; cierra la puerta al salir, y no regreses a menos que te llame. Ahora vete".

El hombre me observo fijamente, pero no dijo nada. Después de esperar un momento, se dio media vuelta y salió, cerrando la puerta.

La situación fue bastante incomoda, pero yo estaba determinada a no ser victimizada.

La cantidad era pequeña, pero acceder a esta demanda era abrir la puerta para más extorsión. Me avergoncé, también, por la manera en que había mencionado al alcalde, pues no tenía la menor idea de si tal funcionario existía en este lugar o no. Mi apoyo era en realidad el maestro de escuela, que había prometido visitarme por la mañana. Pero 'alcalde' sonaba legal y formal, y estaba segura de que la palabra había vencido por completo a Marcos.

Eduardo toco la puerta muy temprano por la mañana y trajo una tinaja roja llene de agua tibia y algunas toallas bonitas enviadas por el digno maestro. El muchacho me miró como si fuera a decir algo, pero yo me callé resueltamente. ¿No había escuchado voces en confabulación bajo la veranda?

"Eduardo, averigua donde está la oficina del alcalde", dije, al fin, "no podemos empezar hasta que lo haya visto".

"Señora, las mulas están ensilladas, y vamos a tomar nuestro café; y, señora, marcos quiere hablar con usted ahora, señora; fue el aguardiente".

"Deja que Marcos entre", dije, echándome la manta encima, y actuando como si no hubiera escuchado de él en mi vida.

Marcos se acercó. "Oh, señora, no se fije en las palabras tontas que dije anoche", exclamó el muletero, luciendo bastante apenado; "todo fue una equivocación. Estoy listo para partir. Las mulas están ensilladas. Señora, yo la voy a cuidar y asegurarme de que cruce el Juan".

"Muy bien, Marcos", respondí, "puedes hacer lo que quieras, y quiero empezar temprano. Ahora ve a desayunar, como un bueno hombre. Estoy segura de que me llevaras a través del río a salvo".

Esta vez el hombre salió riéndose, y yo me reí en secreto, agradecida de haber escapado a la necesidad de consultar al alcalde, y todas las molestias que la entrevista habría acarreado.

Pronto estábamos en camino, acompañados por un poco tiempo por el cortés maestro. Parecía que él había escuchado de Eduardo del pequeño encuentro con Marcos, y me felicitó por mi victoria.

"Los hombres me dicen que usted es una dama valiente", él mencionó.

"Debo serlo. Soy hija y hermana de dos hombres valientes que pelearon y murieron por su país".

"¡Descansen en Dios! Vaya usted con Dios". Esta fue la despedida del maestro.

Ahora trotando, nuestro objetivo era cruzar el río Juan antes de la noche, ya que los informes de varias personas habían coincidido en que estaba muy lleno por la lluvia reciente y que su condición no era propicia para pasar. Por lo tanto, viajamos rápido, sin esperar para comer. Al cabo de unas horas nos encontramos a orillas de un ancho río, en compañía de unas indias que llenaban sus tinajas en el arroyo.

CAPÍTULO IX: LE TIENEN CELOS A TEGUCIGALPA

Ahí estaba el río Juan. Tal como los portugueses hablan del Tajó como "El Señor Tajo", así lo hacen los hondureños, en otra forma de hablar, otorgan la mayor dignidad al río Juan, aunque no es, de ninguna manera, el río más importante del país. "¡El hermoso! El rey de los ríos de Honduras". El Sr. Stephens, en su 'Centroamérica', se refiere a este río como "el tortuoso río Juan". Bueno, aquí estaba, ancho, turbulento, casi desafiante. Sentí que este amor de los hondureños era mucho para mí, ya que, al mirar al otro lado, observé lo que podría ser hueco lleno de rocas, paradas casi en su centro, de forma muy irregular y mostrando sus dientes, porque estaban dentadas hasta cierto punto.

El agua saltaba y se arremolinaba sobre ellas en todas direcciones. El mismo sonido era una risa dirigida contra nosotros, y los árboles solemnes y oscuros que bordeaban el costado estaban muy lejos de ser un rasgo vivificante. El sol se había encapotado, y el único color en la escena era la franja de camino amarillo que habíamos recorrido, nuestros nobles seres, y los pañuelos carmesí en la cabeza de dos indias que estaban en cuclillas a la orilla del río mirando a su niños desnudos, ocupados haciendo "pasteles de barro", muy a la moda de la gente pequeña cuyas viviendas están a orillas del Lea, Trent o Támesis.

Un guacamayo cruzado, cuyo chillido frecuente y discordante me llegaba al oído como una "voz burlándose", estaba evidentemente escondido en alguna parte.

"Aquí estás; el río está muy crecido, lo verás; no hay vado, y tendrás que pasar por encima como puedas. ¡Ya-ah!" Así graznaba el pájaro; y la voz humana de Marcos era de un presagio aún más lúgubre, mientras exclamaba a su compañero: "No hay vado; y más, no hay canoa". Eduardo permaneció en silencio y caminó de aquí a allá, mirando el agua como si tuviera un problema personal con todo a su alrededor, y con el agua en particular. Al fin dije: "Debe de haber alguna canoa por aquí; ¿dónde, me pregunto, está hombre que la tiene?".

Un encogimiento de hombros y una floritura fue la única respuesta, y luego Marcos resolvió la dificultad con el habitual platonismo hondureño: "No hay remedio". La acción que acompañó a estas palabras insinuó aún más: "No hay nada más que hundirse o nadar; hay que cruzar el río, con vado o sin vado, y cuanto antes vayamos, mejor". Evidentemente, no había remedio, y los hombres doblaron sus pantalones hasta las rodillas, doblaron sus chaquetas sobre sus cabezas y se prepararon para caminar hacia el agua. La mayor de las dos mujeres indias se acercó a mí. Colocando una manita morena en el cuello de la mula y casi acariciando mi rodilla con la otra, mientras me sentaba encorvado para evitar mojarme, ella dijo: "Es muy peligroso, señora, muy peligroso; no anda".

Sabía por instinto, y tan bien como ella, que era muy peligroso; pero, ¿qué podíamos hacer? Me dirigí a Marcos y le hice esta pregunta.

El hombre respondió en su usual tono incisivo y un poco autoritario: "Debemos cruzar de una vez, Eduardo y yo iremos primero; el guiará a la mula de carga y yo seguiré con el macho. Cuando Luisa vea que el macho está bien en el agua, la criatura lo seguirá. Ahora agárrese muy fuerte". Con esta advertencia, agarró el dobladillo de mi vestido y comenzó a enrollarlo con rudeza, para evitar que se sumergiera en el agua.

La india interrumpió: "Permítame hacer eso por la señora, usted no debe tocarla de esa manera"; y empujando a Marcos hacia un lado, arregló mis prendas de una manera más cómoda. Después ella dijo, con mucha lastima en su voz: "El río es muy fuerte, es muy peligroso. Usted irá, pero 'ay di mi', usted es muy valiente".

¡Muy valiente! Si tan solo hubiera sentido mi pulso palpitante, podría ella saber, alma bondadosa, la lucha que se estaba librando en mi orgulloso corazón inglés para no parecer asustada. Cierto, mis palabras fueron mesuradas y sonreí porque sentí que no debía ceder ni un centímetro; pero si esto fue valor, fue simplemente la desesperación de "no hay remedio": ni más ni menos.

Mientras tanto, los hombres habían dirigido a sus bestias hacia el agua. Las mulas siguieron derecho, y habiéndolas llevado seguramente, Marcos volteó y me dijo que los siguiera de cerca. Le di una palmada a la mujer en el hombro, y mientras lo hacía dije: "Adiós, buena amiga, todo estará bien", y tomé las riendas para alejarme. Sin embargo, Luisa no se movería, y cuando la empujé hacia el agua, tembló tan violentamente que me sacudió perceptiblemente donde estaba sentada. El toque del 'interruptor' y todos mis conjuros, únicos y combinados, cayeron desatendidos en la mente y la materia. Luisa no se movió, sino que juntó sus cuatro cascos lo más cerca que pudo debajo de ella y los clavó en el suelo fangoso. El hecho de que esta criatura gentil y valiente continuara temblando y pareciera paralizada de terror, dispersó toda mi resolución, y me di media vuelta para evitar ver el agua.

La india se lanzó ahora hacia mí con un grito, seguida de su compañera y levantando los brazos en el aire. "La muleta no se va. Señora, por amor de Dios no anda!".

Sea lo que sea que haya hecho, es imposible ni siquiera conjeturar, porque la mula le había quitado todo el poder de acción a mi mando. Seguía de pie como una roca, mirando de reojo de vez en cuando al agua y temblando de miedo.

Marcos se giró y evidentemente entendió la posición. Acercándose a donde pudiera escucharlo, gritó: "Quédese donde está; Eduardo y yo vamos a cruzar y después regresaremos por usted". Así que fueron; y mientras se balanceaban de derecha a izquierda, y en su recorrido hacían un semicírculo, se veía claramente que la corriente era muy fuerte. Fue una zarandeada regular durante un tiempo. Por fin vimos que los hombres habían cruzado sanos y salvos, y pronto vi al macho amarrado a un árbol exactamente enfrente de donde estábamos, para beneficio especial de Luisa. Unos cuantos temblores y un poco más de desvestirme, y luego los guías se acercaron a mí.

A medida que se acercaban a la orilla, recogí el temblor que había descartado Luisa en esta coyuntura; pero logré aparentar tranquilidad y agradecer a las indias su compañía, dándoles al mismo tiempo una peseta para que me recordaran. La mayor me besó la mano; y en ese glorioso lenguaje en el que se acredita que el emperador Carlos V dijo que debemos rezar a Dios, se despidió dejándome en manos de Dios. "No tenga miedo, querida" (se pueden interpretar sus palabras); "el buen padre la llevará a través del río, el padre cuyo amor le otorgará muchos años. Vaya con él. Adiós".

¡El amor del padre! ¡Ah!, Compañeros y compañeras, ¿no pasamos por alto de alguna manera, en nuestro culto al Hijo y en nuestro culto a Su Madre, el amor del Padre? Repetí las palabras de la india y no me avergüenza agregar que aprendí una lección de ellas.

La mano fuerte de Marcos estaba ahora en las riendas, a Eduardo se le ordenó que se apartara, y la mula y su carga fueron arrastradas hacia el arroyo con poca ceremonia. Pronto la fuerza de las aguas cayó sobre nosotros, junto con el remolino y corriente fuerte, a medida que nos acercábamos al centro del río. Luisa tropieza con una piedra, los hombres la sostienen fuertemente; pero la carrera loca de la corriente me deja ciega y mareada, porque más de una vez estamos dando media vuelta; así que agarro la cabeza del muletero en respuesta a su orden de 'agárrese bien', y estoy segura de que esta agua será mi última cama. Sin embargo, Luisa aguanta, y parece haber perdido el miedo, gracias a los ayudantes que le dieron confianza al animal; y esto a su vez, por alguna fuerza magnética, me hace esforzarme, y engancho mi rodilla contra el pomo de la silla, y me siento tan firmemente como puedo en obediencia a la orden reiterada de ¡agárrese bien! Luisa se tambaleaba aquí y allá, y en un momento pareció como si fuéramos a ser arrastrados. No habíamos rodeado bastante, al parecer, al pasar por las rocas del medio. Hubo una lucha prolongada por nuestra parte, estimulada por parte de la mula por un tremendo rebuzno del macho. En unos momentos, su amiga íntima, con su legítimo jinete a la espalda, fue llevada a tierra sin peligro.

Un grito ahogado y un sollozo, y me quedé entre los hombres, mientras me desmontaban. Mis botas eran como esponjas empapadas; y el olor a cuero mojado era el olor acre que me devolvió a mis sentidos. Miramos al otro lado del agua para ver a las mujeres indias con sus hijos agrupados a su alrededor, mirándonos ansiosamente. Uno de ellos levantó el brazo y señaló hacia arriba. Luego, cada uno de ellos agitó las manos y se encaminó rápidamente hacia el camino. ¡Gente amable y sencilla, nunca los volveré a ver! ¡Que el amor del Padre los proteja para siempre!

"Hemos pasado un gran peligro, señora", dijo Eduardo después de unos momentos de silencio, mientras hacia la "santa seña". Ambos hombres inclinaron su cabeza en reverencia, y creo que todos agradecimos sincera y honestamente al Señor. Yo, sin embargo, no pude evitar estremecerme mientras miraba el río; y para deshacerme del sentimiento, comencé a caminar de arriba a abajo, diciéndoles a los hombres que tenía mucho frío. No teníamos nada con nosotros, salvo unas tortillas, que los hombres comieron mientras frotaban a las mulas y arreglaban sus sillas. Afortunadamente la mula de carga salió mejor que todos nosotros. Esto fue por la manera tan perfecta en la que había sido cargada, y también porque era un animal muy alto.

"Debe montar rápidamente, pues pronto bajará el sol", dijo Marcos; "tenemos muy poco tiempo para llegar a El Naranjo".

Nos retrasamos un poco para arreglar nuestros propios baños, y estábamos de nuevo en la ruta, las bestias y sus jinetes no estaban peor para su baño.

Marcos pronto regresó a su usual ecuanimidad, y, como siempre, él "aprovechó la situación" para su propio beneficio.

"Señora", dijo él mientras cabalgamos, "ambos nos empapamos, Eduardo y yo, en el río, y no tiene nada para darnos. Hay muy buena cerveza en Comayagua; cuando lleguemos, ¿nos daría una botella de cerveza por haberla cruzado por el Juan? Es de mucho orgullo haber cruzado el Juan; eso vale una botella grande de cerveza, señora".

"Oh sí, sí", respondí rápidamente, molesta por su codicia y sin ganas de hablar. "Tendrán la cerveza cuando lleguemos a Comayagua". Fue una promesa apresurada, pues ¡una botella de cerveza cuesta cuatro chelines!

Pasó algún tiempo antes de que pudiéramos encontrar alojamiento, por humilde que fuera; y fue solo tomando un camino lateral y cabalgando hacia el interior que pudimos descubrir una sola vivienda. Por fin, apareció a la vista una casa con tejado de paja, con aspecto de granja, de la más pobre descripción, pero bellamente situada en una loma ascendente; y con cierta inquietud preguntamos si podíamos refugiarnos para pasar la noche. Salió una mujer joven de aspecto agradable, seguida de unos buenos niños y dos perros flacos.

"Mi esposo está en la montaña", dijo en respuesta a nuestra pregunta, "Si la señora puede soportarnos a mí ya los niños, estaremos orgullosos de recibirlos. ¡Aquí Vicente!".

El individuo mencionado era un muchacho maravillosamente guapo, más español que indio. Sin decir una palabra, empezó a descargar las mulas, y con este acto se aseguró de inmediato la buena voluntad de mis sirvientes.

"Venga a la cocina, señora", dijo mi anfitriona, "¡Oh, está empapada! Hay una buena fogata allí, pues he estado limpiando desde que el hombre se fue".

Ella me llevo hacia un edificio un poco apartado de la parte principal de la casa. Era sólo una construcción de barro cocido y palos, pero había un fuego de leña brillando en un lado y una especie de horno en el centro. La mujer sacó la única silla y luego se arrodilló para ayudar a quitarme las botas, que en realidad eran poco mejores que la pasta.

"Si puedes llamar al más joven de mis guías con la pequeña maleta, te estaré muy agradecida", dije; "y, ¿me podría dar algo de comer pronto?".

"Sí, mataré a una gallina para usted, señora; para los hombres hay venado seco (mi esposo lo cazó el año pasado) y tortillas. Puedo dejarle un poco de vino ligero, si eso le parece suficiente".

"Gracias, pero prefiero un poco de café".

"Lo tendrá, señora. Ahora vístase aquí, yo voy a ir a atrapar a la gallina".

A los pocos minutos Vicente metió mi maleta en la habitación y, mirando a mi alrededor, encontré una jarra de agua; y así, con un poco de manejo, me hice una apariencia decente y ciertamente mucho más respetable que antes.

Mientras se cocinaba el ave, entré en una especie de huerto, donde había una mesa redonda y un asiento. Esto, descubrí, me lo había colocado Eduardo, sabiendo a estas alturas cuánto odiaba los olores domésticos habituales de estos lugares. También trajeron una pequeña lámpara de queroseno, porque estaba empezando a oscurecer; y cuando apareció la comida (el pollo guisado en arroz), comí con tal deleite que me temo que los dos perros flacos debieron haberme considerado en ese momento como una adición muy desesperada a la casa. Debo añadir, sin embargo, que consiguieron los restos de este festín.

La noche fue bastante cómoda, y fue con un sentimiento de gratitud que le dije adiós a la anfitriona. "No aceptaría ninguna paga, señora" dijo la sencilla criatura, "pero somos muy pobres, y tenemos muchos niños que alimentar".

Preguntamos por el camino a Comayagua, y ella nos dijo que deberíamos llegar al día siguiente, a más tardar. "Vayan a la posada Victorine", dijo ella, "es un buen lugar, y Madame Victorine los hospedará cómodamente. ¡Ah! Tiene dinero, tiene a Madame Victorine".

Me alegró saber de un lugar cómodo y decente, ya que estaba ansiosa por quedarme un día o dos en Comayagua para refrescar a todo el grupo. Eduardo también estaba ansioso por ver a sus amigos que vivían allí; y como él me acompañaría a San Pedro Sula, era natural que un día o dos de parada le agradaran especialmente. Marcos se mostró totalmente indiferente al respecto.

Como nuestra marcha se encontraba ahora enteramente en las tierras bajas, el calor se había vuelto más opresivo, y viajar a medio día era un riesgo para la salud y la fuerza. Las mulas también mostraban signos de fatiga, y la hierba y el agua comenzaban a faltar y se habían vuelto de calidad muy inferior. Por tanto, era imperativo llegar rápidamente a Comayagua.

Fue un espectáculo gozoso, cuando, entre muchos acebos, vimos los muros y los techos de tejas estriadas de la antigua capital de la

Honduras española. La ciudad está construida de forma pintoresca, pero sus calles silenciosas y cubiertas de hierba, su aire de pobreza y la ausencia de una vida agitada y ocupada, anuncian que su gloria ha desaparecido. En consecuencia, hay muchos celos de Tegucigalpa, la actual capital, donde ahora reside el presidente, Dr. Soto.

Comayagua

Era alrededor del mediodía cuando llegamos de algún campo bonito por un camino circular, y llegamos cocidos y cansados a la posada de Madame Victorine. Las grandes y pesadas puertas estaban cerradas y una campana, lo bastante pesada para una catedral, hizo sonar la alarma de que los extraños esperaban afuera. Un mozo salió, nos miró, cerró rápidamente la puerta y desapareció.

A los pocos instantes, una mujer regordeta y de buen aspecto atravesó las puertas, con la cabeza cubierta con un pañuelo de bolsillo. "Pase, baje, señora, baje rápido, por favor. La cena nos espera. ¡Ah, fe mía, el sol la ha tratado mal! Pero entre". Al decir esto, casi me jaló de mi mula y me llevo por el patio hacia la casa.

Una mujer joven estaba sentada en la mesa sobre la cual la comida del mediodía estaba servida. Me dio una cordial bienvenida, y me dijo que no hablara, sino que me sentara y comiera. "La he visto por la pequeña ventana en el patio", añadió, con total franqueza; "Usted se va a quedar, así que coma ahora, y después tome una siesta".

Recuerdo que había palomas guisadas y algunos macarrones ante mí, pero no pude comer; Solo sentí el anhelo de acostarme en el suelo. La mujer mayor estuvo a la altura de la ocasión. Fue a un armario y sacó una botella de coñac. "Eso es lo que quiere", dijo ella en francés; "Beba de él, es bastante puro; ha estado demasiado tiempo al sol". Hablando así, puso un vaso alto y estrecho de brandy con agua en mi mano y se paró sobre mí como un policía aficionado hasta que tomé todo su contenido.

"Ahora, coma; no se rehúse; se emborrachará y eso sería impactante", continuó ella, con un divertido guiño de su ojo; "impactante, ¿eh?".

Me reí, pues la bebida ya me había "alegrado" el espíritu; y pronto descubrí que tanto la paloma como el arroz con leche eran, después de mis últimas experiencias, comida muy lujosa.

Unas horas después, estábamos nuevamente sentadas juntas, y luego Madame Victorine me informó que ella y su hermana se iban a Francia en diez días, y que el lugar estaba algo desordenado porque estaban empacando y preparándose para entregar el lugar a un gerente, quien actuaría a nombre de ellas por un año.

"Así que puede quedarse un día o dos, pero no puedo tratarla como se merece. "Ahora estamos matando a las aves de corral y a las palomas", continuó Madame, "y no hay muchas provisiones de ningún tipo en la casa".

Me apresuré a decirle que un día bastaría, pero ella insistió en que me quedara dos días. "Eduardo está con sus amigos, y Marcos está en la posada para muleteros. Las mulas están en mi establo; y no se pueden ir. Ahora, venga a la veranda, tomaremos nuestro café allí", dijo ella.

"Yo creo", dijo la hermana, cuyo nombre era Matilde, "que usted es la dama que va a San Pedro Sula; nuestro mozo se enteró de esto por sus guías. ¿Conoce al doctor?".

"No personalmente, solo por negocios", contesté. Creí ver pasar una mirada de complicidad entre las hermanas, pero fue tan leve que quizás me equivoqué. Entonces la mayor dijo: "Les prometió a los hombres cerveza, ¿verdad?, después de cruzar el Juan. El muletero ha estado dos veces aquí pidiéndola, pero no quise molestarla, y vendrá esta noche".

"Marcos nunca olvidará reclamar cualquier cosa que le salve su bolsillo", pensé; y después dije en voz alta: "¿Me puede vender algo de cerveza?".

"Mis tiendas están algo vacías, pero cuando el hombre regrese le daré de mi mejor vino. Soy la única importadora de buena cerveza en Comayagua, pero sus guías estarán encantados de tener vino. Yo me encargaré del hombre y usted me puede pagar por el vino. No deje que el muletero lo compre; le haría pagar un precio muy alto".

Un baño y una cama limpia me restauraron, y así pude salir y echar un vistazo. La vieja iglesia está pobremente preservada, y las campanas, que se dice que son hechas de plata, producen todo menos un sonido musical. Sin embargo, la construcción estaba limpia y contenía algunas reliquias curiosas. En mi regreso encontré a Eduardo esperándome.

"Pensé", dijo Madame, "que le gustaría mostrarle sus respetos al obispo. El lugar está cerca; envíe al mozo con sus cumplidos, y pregunte a qué hora el señorío la recibirá".

Eduardo fue enviado y regresó con un mensaje diciendo que el obispo me recibiría a las cuatro de la tarde. A esa hora Eduardo me llevó al lugar, que estaba circundado por una gran pared, y entramos por una hermosa puerta lisa. Esta se abrió a un patio que estaba rodeado por un jardín. La parte central del jardín estaba distribuida en parterres, cruzados por cercas bajas de caña.

Estos estaban entretejidos y casi ocultos por grandes masas de convólvulo en flor exuberante azul, rayada, blanca, rosada y la más hermosa de todas, la campana de un blanco puro, con un toque de color malva en el fondo de su corola. Estas se extendían en todas direcciones, y un pequeño recorte aquí y allá habría sido una mejora. Un espécimen espléndido de la palma datilera, un árbol que parecía ser honrado por encima de los demás en todas partes, crecía en cada esquina de la parcela, y daban bastante sombra.

El patio no tenía techo, y un pórtico ampliamente pavimentado lo rodeaba; sobre este se abrieron las puertas de las distintas estancias que tenía el establecimiento. El techo de estas estaba compuesto por las habituales tejas rojas, acanaladas en forma ondulada, la del techo común de las casas hondureñas. El edificio era de una sola planta, para poder resistir mejor un terremoto.

Un joven, parecido a un acólito y un acomodador, nos recibió. Este funcionario vestía pantalones hasta la rodilla y medias de seda negra, que estaban parcialmente ocultas por un vestido de seda negro, probablemente su túnica de oficio. Iba con la cabeza descubierta y su cabello, que era negro azabache, parecía crecer solo desde la parte superior del cuero cabelludo y colgaba hacia abajo como una gran borla. Me recordó a un niño del Hospital de Cristo que se había teñido. El rostro de este joven caballero carecía un poco de refinamiento, pero sus modales eran muy corteses sin ser en lo más mínimo serviles.

"Usted es más que bienvenida", dijo él; "El señor obispo siempre se alegra de recibir extraños, y una dama de Inglaterra es una extraña visitante. Usted es la primera de esa nación que he visto, pues nunca he salido de Comayagua".

Pasó ante nosotros y me condujo a una habitación que parecía servir como lugar de espera para los visitantes del palacio y otros que no podían quedarse de pie en el patio exterior. El mobiliario de este apartamento era muy sencillo; pero algunas esteras bellamente tejidas cubrían el suelo.

Las estanterías de libros contenían principalmente obras de devoción, y sobre una mesa auxiliar había un estereoscopio, un periódico francés y algunas fotografías. Creo que la única imagen aquí es un grabado muy fino de la Catedral de León en la Vieja España. Una mecedora estaba cómodamente cerca de la puerta; y sobre ella había un ramo de hermosas flores de laurel, que solo le daban un toque de color a los tonos fríos del entorno.

Pasaron unos minutos y el acomodador reapareció para llevarme ante la presencia del obispo. Eduardo avanzó para acompañarme, pero fue detenido, y se le dijo que esperara hasta que la señora lo llamara.

Cruzamos al lado opuesto del patio, y fui llevada hacia un apartamento grande y fresco que estaba poco amueblado. Unos pocos cuadros enmarcados eran su única decoración. Poco después, un hombre alto y delgado entró en la habitación, vestido con el traje de un dignatario de la Iglesia Católica Romana. Se trataba del obispo de Comayagua, hombre de modales mansos y disposición pacífica, pero ahora abatido por los años, y que sufría, como tantos otros inocentes, la ruina que las sucesivas revoluciones habían traído al país.

Terminaron los primeros saludos y el Obispo me felicitó por quedarme en el establecimiento de Madame Victorine, y luego me preguntó si iba lejos.

Respondí: "Voy de camino, mi señor, a San Pedro Sula"; después de ver que esta información había causado una mirada de sorpresa, continué: "Escribí a su señoría anunciando mi intención de ir a San Pedro Sula, por invitación del doctor, para supervisar su escuela allí".

"Nunca recibí tal carta. Él nunca me menciono este asunto, ni personalmente ni de otra manera".

"Quizás su señoría tenga la amabilidad de informarme si el doctor ha obtenido su autorización para abrir una escuela para los colonos; y también, si fue autorizado por usted mismo o por el Gobierno para escoger al maestro".

"Señora, nunca escuché la proposición".

"Pero seguramente usted sabe, mi señor, que en el panfleto publicado y, según creo, sancionado por el Gobierno, su firma aparece en un documento que le dice al mundo que aprueba de todo corazón todo lo que esta persona está haciendo por la educación de los colonos, y además se compromete a apoyarlo tanto como pueda".

"Eso es cierto en un sentido general; y hace dieciocho meses, todos los planes con respecto a los inmigrantes parecían prósperos. Pero las cosas han cambiado, han cambiado lamentablemente".

"¿Por qué, mi señor? ¿Cuál es la razón de este cambio? Tengo la carta, escrita a mí en Sídney, hace muy poco tiempo, dando un relato muy próspero del asentamiento".

El obispo se movió inquieto y dijo algo sobre algunas personas que tenían un temperamento muy fuerte.

"¿Es cierto que el Gobierno de Honduras otorgó una concesión de terreno hace algún tiempo con el propósito expreso de construir un aula? Además, se dice que el doctor es amigo personal del Dr. Soto, el actual presidente", afirmé con decisión.

"Está en lo correcto. El Dr. Soto estaba muy dispuesto, cuando la colonia se estableció por primera vez, en brindar al promotor todas las ayudas. Consideraba sus esfuerzos por introducir el trabajo como un gran paso para el mejoramiento de todo el país; pero creo que hay una disminución en su amistad personal. Esto", prosiguió su señoría, "es lo que he escuchado; No afirmo esto último por mi propia cuenta".

"¿Tiene el doctor influencia para otorgarme una plantación o la asignación depende totalmente del Gobierno?", pregunté.

"La asignación de tierra depende totalmente del Gobierno, y las concesiones hechas son generalmente muy liberales. Hay mucha tierra para tomar, pero se debe de ser muy cuidadoso al seleccionarla", contestó el obispo.

"También me gustaría tener mi propio lugar", respondí. "Me gusta mucho enseñar; pero no es placentero vivir en las casas de otras personas, generalmente hablando. Conseguir mi propia casa fue la razón principal por la que vine a Honduras".

"Le puedo asegurar que usted puede ser muy útil" dijo el obispo, con mucha calidez; "las madres del país están deseosas de que sus hijos sean educados. Fácilmente encontrará alumnos privados, si lo prefiere".

"En este momento, mi señor, me considero comprometida con la persona que me escribió; Solo lamentó haber salido sin haber escuchado de usted".

"¿Tiene alguna objeción en decirme que posición le ofreció y que salario?".

"En respuesta a mi carta diciendo que debía conseguir alumnos, o incluso huéspedes, si me apropiaba de tierras en Honduras, para poder pagar los primeros gastos, me escribió que inmediatamente me nombraría maestra de la escuela de colonos con un salario moderado, sin embargo no me dijo la cantidad; y además, que podría incrementar mis ingresos tocando el órgano en su iglesia".

Ante esto, el obispo se quedó mirando fijamente, pero no dijo nada. Bien podría quedar estupefacto; pues descubrí, al llegar a San Pedro Sula, que no se había visto en la iglesia ni órgano ni ningún otro instrumento musical desde que se construyó hace muchos años.

El obispo podría haberle dado al doctor el mérito de haber introducido últimamente esa "innovación moderna", el armonio, en la iglesia.

Esto, por supuesto, no tengo forma de saberlo, ya que el anciano perseveró con la mayor reticencia y no expresó ninguna opinión especulativa. Miró hacia abajo y, de repente, levantó la cabeza con la pregunta: "¿Le ha enviado dinero al doctor?".

"No, mi señor; ya he gastado mucho hasta ahora haciendo este viaje".

"Cierto". Y como si estuviera ansioso por cambiar el tema, su majestad habló de la reina de Inglaterra. "Nosotros, como católicos", dijo el gentil anciano, "nos conmovimos mucho escuchar de la simpatía mostrada por la reina Victoria hacia la ex emperatriz de Francia cuando murió su hijo. "¡Ah, ah!", continuó él, "los viejos se quedan, y los jóvenes se van. Su familia real amaba al pobre joven, e hicieron la cosa más bondadosa de todas: ¡lo acompañaron a su tumba! ¡*Ay* dios mío! Pero su reina no hace distinción entre católicos y protestantes en sus amigos; ella trató al príncipe imperial con noble bondad. He orado por ella, tiene un gran corazón".

Después de algunas observaciones sobre el movimiento ritualista en Inglaterra, en la que parecía tener un interés inteligente, el obispo se levantó. Pasó conmigo hasta el umbral, señalando una o dos imágenes mientras lo hacía. Eran muy antiguas y representaban retratos de notable fealdad. Entonces el anciano me dio su bendición y yo estaba de nuevo en el patio exterior.

CAPÍTULO X: LAS REVOLUCIONES Y EL FERROCARRIL

"Bueno, señora, ¿qué le pareció nuestro obispo?", preguntó Eduardo ansioso, mientras el portal del palacio se cerraba detrás nuestro. "¿Es bueno y gentil?".

"Me cae muy bien el obispo, Eduardo; pero creo que parece ser muy viejo para su importante posición".

"Él quiere dinero, como todos en Honduras. Las revoluciones y el ferrocarril de Honduras se han acabado todo el dinero. Sin embargo, señora, me alegra que el fracaso del ferrocarril haya sido causado por el mal manejo británico, y no por nosotros. Mi padre perdió mucho debido a eso, y dicen que el obispo tenía muchas acciones en ese ferrocarril".

El ferrocarril de Honduras me había sido arrojado en la cara con tanta frecuencia cada vez que se discutía el tema de la honestidad, que siempre cambiaba la conversación lo antes posible. Esta vez dije: "¿Has visto a Marcos?".

"Sí, señora; y me dice que ha escuchado en Comayagua que usted es familiar del doctor de San Pedro Sula. ¿Es eso cierto, señora?".

"En realidad no; nunca he visto al hombre en mi vida. Dile esto a Marcos. Supongo que está conviviendo con los chismorreos del pueblo, que inventan noticias por falta de algo de qué hablar".

Encontramos a Madame esperando ansiosamente nuestro regreso; y en cuanto entré se lanzó hacia adelante y exclamó: "¡Ah! El obispo le ha dicho todo acerca del doctor; sin duda debe haberle dicho mucho sobre él. Dígame, señora, estoy interesada por usted, aunque no lo he dicho. Supongo que su señoría le dijo mucho, ¿eh?".

"Al contrario, su señoría dijo muy poco. Lo que ahora me incomoda mucho es lo que el obispo *no* dijo", dije tristemente.

"¡Ah!", respondió Madame, hablando tan rápido como podía, en la lengua francesa, "él debe ser prudente, cauteloso; sabes muy poco, y quizá él pensó que yo había sido sabía y no le había informado mucho. ¿Su señoría preguntó por mí?".

"Le dije que estaba en su casa; dijo que usted era una mujer de buen corazón".

"¡Ah! No más; bueno, no se lo dijo, y es posible que sea muy difícil decir las cosas en una lengua extranjera. Su señoría no la comprende del todo; y, por otro lado, usted no le entiende del todo. ¿No es así?".

Esto era más que probable y explicaría en gran medida la reticencia del obispo; así que respondí: "Me temo que el obispo no entendió bien mi español".

"Muy probable, aun así lo hace bien, muy bien. Cuénteme: el obispo, ¿le dijo algo acerca del doctor?".

"Solo que la colonia no era tan prospera como lo fue al principio, y que las cosas cambiaron. Su señoría no pudo o no quiso decir por qué. Una cosa", continué, "el obispo sí afirmó, que su presidente, el Dr. Soto, no está de ninguna manera satisfecho con el doctor, y parecía insinuar que él (el Dr. Soto) no es amigo de él".

"¡Ah! ¿Cómo podría serlo? Pero no diré más. No quiero especular sobre el hombre en mi casa; y quizá después de todo, señora, después de todo, no sea tan malo. No lo conozco", contestó ella.

"Desearía que me contara honestamente lo que ha escuchado de él, o cuál es su razón para decir que quizá él no es tan malo".

"Bueno, es usted quien juzga como actuar. Él ya no es un sacerdote de la diócesis de Honduras. Ese es el rumor. Yo misma no lo sé; pero si esto es cierto, el obispo lo habría dicho. ¿eh?".

"Sin duda su señoría lo habría hecho", dije, muy sorprendida por esta noticia; "pero, ¿por qué ya no es sacerdote de la diócesis?".

"¡Ah! Eso no lo puedo decir. El obispo se vio obligado a suspenderlo, pues la petición de la gente de San Pedro Sula era tan fuerte que su señoría no podía hacer otra cosa. ¿Lo ve?".

"No, no lo veo. Si él está suspendido, difícilmente estaría viviendo en San Pedro ahora".

"¡Oh! Ahí está el problema. La iglesia está cerrada; no hay nadie oficiando. Le diré qué: de la vuelta a su mula y regrese, ese es mi consejo".

"No puedo; no tengo suficiente dinero", respondí. "Todos mis gastos están pagados o provistos a San Pedro. Los contratos de los hombres están firmados para eso. Si las cosas no funcionan, conseguiré alumnos privados y regresaré a Inglaterra en cuanto pueda".

"Eso costará dinero", dijo Madame.

"Sí; tendré que esperar a que me envíen fondos desde Inglaterra para regresar. Pero no creo que las cosas estén tan mal: la suspensión del médico puede ser solo temporal. De lo contrario, nunca me hubiera escrito y comprometido a venir a Honduras".

"Yo creo que se metió en problemas después de escribirle para que viniera. Es muy probable. ¿No ha puesto dinero en su mano, verdad?".

"Nada; yo espero que él ponga dinero en la mía", contesté riéndome.

"¡Oh! Me alegra que no tenga nada de su dinero", dijo la francesa bondadosa.

Así, entre el saber y el no saber de Madame, sumado a la reticencia del obispo, había aprendido lo suficiente como para hacerme sentir muy incómoda. Sin embargo, resolví actuar de manera sencilla, y entonces le dije a la señora: "Hay una línea de telégrafo entre Comayagua y San Pedro Sula, ¿no es así?".

"Así es, pero no es muy buena; se corta seguido, pero sirve. ¿Quiere enviar un telegrama?".

"Sí; telegrafiaré al doctor para anunciarle que me dirijo a San Pedro, y para solicitarle que me encuentre allí, o que envíe a un representante".

"Bien, muy bien; escriba el telegrama en español. Quédese, yo lo haré por usted; tengo más experiencia; y permítame añadir que usted exige una respuesta".

"Creo que apenas habrá tiempo; pero, de cualquier modo, se tendrá que preparar para recibirme. No me queda más remedio que sacar el máximo partido de la situación y tratar de deshacerme de las malas impresiones".

Con esta resolución, me metí en las profundidades de una amplia hamaca limpia y me mecí con "aburrido cuidado" hasta que llegó la llamada para la cena.

La animada charla en la mesa sirvió, durante un tiempo al menos, para disipar la tendencia a un estado de ánimo abatido y, después de la cena, estaba demasiado ocupada preparando la partida como para pensar en lo que había oído; y así avanzó la noche; en la madrugada siguiente estaba fresca y dispuesta a continuar el viaje a San Pedro Sula.

"Tengo algo más que decirle", dijo Madame, mientras estaba parada con su hermana en el patio, observando las preparaciones para partir. "Puede quedarse en San Pedro, o puede que le resulte más prudente irse. Ahora, el señor De Brot, el cónsul en Puerto Cortés, es un hombre honorable y amable, y hace negocios bancarios. Escríbale; sabrá cómo sacar su dinero de Inglaterra; pero, querida señora, no permita que nadie más que él tenga nada que ver con asuntos de ningún tipo para usted, ya sea que se vaya o se quede. Me refiero a negocios monetarios", continuó, con un gesto de complicidad con la cabeza.

"Ahora debo negociar mis propios asuntos con usted", le dije. "Déjeme saber lo que le debo por mi comida y alojamiento".

"¡Ah! ¡Bah! ¡Tonterías!" dijo Madame. "¡Usted pagar! No, de hecho, no lo hará; Me da mucho gusto ver a una dama. Puede pagar por las mulas en el establo; pero por el alojamiento en mi casa, no, nunca, nunca. Vea, nosotras también nos vamos; usted solo tomó los restantes de la comida, viejas pichones, lo último de esto, un poco de aquello; no, esa no es mi mesa usual para los extraños".

Así que pague una modesta cantidad por el establo de las mulas, y después Madame me informo que ella y su hermana estarían una noche en San Pedro Sula muy pronto, en su camino a Puerto Cortés, desde donde navegarían hacia Nueva York. "Nos encontraremos de nuevo", dijo Madame Victorine, "así que solo diré *au revoir*".

Salimos por el gran portal del patio sombreado hacia un sol abrasador, pero nuestro descanso nos refrescó y reconfortó a todos; y Luisa era tan juguetona que era difícil retenerla. Di mi agradecimiento a las dos damas por su hospitalidad; y las últimas palabras que escuché de la Posada Victorine fueron los tonos severos de Madame repitiendo sus mandatos como precaución.

El macho era tan salvaje que él y Eduardo fueron enviados primero, y se les ordenó que se mantuvieran fuera de la vista de Luisa, ya que ese animal parecía muy inclinado a "huir"; ella imitaba persistentemente a su compañero en todas sus formas, buenas o malas, y él evidentemente había venido al mundo como un animal de carreras. Marcos puso a la mula de carga frente a Luisa, y al trote rápido pasamos por nuestro camino.

Madame Victorine había anotado en un papel los nombres de los lugares en los que sería mejor detenerse. Habíamos dejado el gran paisaje aquí, pero aun así pasamos por un hermoso país muy mal cultivado. En este punto mi diario dice: "Detenidos por unos momentos, a quince millas de Comayagua, en la casa de don Alguien Navarro, un hombre enfermizo, que hospitalariamente me dio leche y pan. Este señor tiene fama de rico, pero sus alrededores son miserables. Hablaba inglés, habiendo vivido en Cuba Los hombres consiguieron provisiones en el pueblo, así que nuestras provisiones son amplias.

"Cruzamos un río bastante peligroso pero estrecho por la tarde. Manejé la mula bastante bien y sin ayuda; en consecuencia, Marcos condescendió en informarme que había mejorado mucho en mi conducción. El caso es que Luisa me está conociendo y la bondadosa bestia hace todo lo posible por viajar con suavidad. Llegamos a un lugar llamado 'Quevos'. Aquí pasamos la noche; y la casa que habíamos elegido era tranquila y respetable. La guardaba una viuda pobre y era la casa más limpia que había visto. Por la noche, la mujer me preguntó si me opondría a unirme a la oración de la tarde.

"¿Oponerme?", repliqué; "Me alegra mucho unirme a los cristianos en su oración y adoración".

"Ella me dijo que la revolución había arrasado la iglesia de la villa. El último cura de la parroquia estaba muerto, y no había dinero para pagarle a otro, pues el actual Gobierno rechazó la ayuda por completo. 'Así que', dijo ella, 'algunos de nosotros nos juntamos por la mañana y la tarde a orar. No viviremos como paganos'. La habitación fue barrida con cuidado, y poco después una docena de personas de ambos sexos entraron en la habitación y se arrodillaron. Se echó a un lado una cortina y se exhibió un pequeño altar en el que había una cruz, y ante ella un pequeño jarrón lleno de hermosas flores. Se dijeron algunas oraciones y se cantó un himno, y luego todos se fueron en silencio. Fue un servicio sencillo y sincero; verdaderamente el de dos o tres reunidos en el nombre de Cristo".

Esto es de mi diario, el 25 de julio:

"A la mañana siguiente teníamos ante nosotros un largo viaje, ya que estábamos ansiosos por cruzar el río Blanco a la luz del día; y me dijeron que la corriente, aunque muy estrecha en el punto de cruce, era peligrosa debido a una corriente subterránea peculiarmente rápida, contra la que se requería cierta destreza para luchar. Sin embargo, fue un consuelo saber que siempre había una canoa al lado de este arroyo. Acordamos dormir en Santa Isabel luego de cruzar el río Blanco. El río Blanco aquí es menos estrecho y más profundo, y tiene fama de ser muy peligroso. Un indio se sienta todo el día en una canoa, para estar listo para llevar a los pasajeros y su equipaje al lado opuesto".

"Las mulas y el ganado son enviados al arroyo y nadan hasta la orilla; el baño es muy refrescante para ellos, ya que reciben escasa atención, en términos generales, en materia de limpieza. Sin embargo, se ve como una gran molestia tener que quitar todo el equipaje de la mula de carga y las sillas de los demás, solo para volver a colocarlo, veinte minutos después, en el lado opuesto".

"El cruce en este punto es muy pintoresco, la orilla se eleva a un montículo a un lado del camino, sobre el cual las ramas entrelazadas de dos magníficos tamarindos arrojaron sus brazos sobre el agua. La hermosa enredadera carmesí, Prendas de Amor, alfombró el suelo con gran profusión. Esta enredadera no tiene perfume; pero es un error suponer que todas las flores silvestres de estos países no tienen olor. En este lugar, también, la hierba era inusualmente suave y verde; y en la raíz de los árboles crecía una flor de color crema, con un ojo violeta, cuyo nombre era imposible descubrir".

"Salvo el árbol de la quina, nunca había podido averiguar el nombre de ningún arbusto o flor, ni Eduardo ni Marcos. El primero a veces caracterizaba a un pájaro, y siempre estaba alerta para recoger cualquier fruto comestible que pudiera aparecer en el seto o en el follaje espeso".

"Ahora, emprendemos el cruce del río Blanco y, recordando mi experiencia del Juan, contemplo la canoa y el indio con la mayor satisfacción. Dos pastores españoles con un rebaño de excelente ganado, un campesino con su esposa y su mula, y por último, una larga hilera de mulas cargadas de carbón, atendidas por sus conductores, se habían reunido aquí desde otras direcciones y esperaban para cruzar el arroyo. ¡Un barquero y una canoa para el trabajo! Fue una suerte que la gran proporción de esta asamblea pudiera ser independiente de la ayuda del indio".

"El personal y el equipaje provocarían que se recogiera y transportara bastante y, por supuesto, con tanto negocio entre manos, debe haber un convenio al respecto. Entonces los hombres sacaron sus cigarrillos, y las dos mujeres, después de habernos desmontado, nos saludamos e intercambiamos algunas palabras, y luego buscamos un asiento debajo de los tamarindos. Ya había elegido mi lugar, pero Eduardo intervino: 'No tan cerca de las raíces, señora; puede haber agujeros de serpiente a su alrededor. Venga más abajo aquí; hay mucha sombra y la hierba es corta; aquí no hay nada donde pueda esconderse una serpiente'".

¿El rastro de la serpiente está sobre todo, entonces? Pero recordé que estos reptiles en general temen mucho a la proximidad humana, y la culebra más audaz difícilmente se atrevería a venir entre tantos. Había mucha sombra debajo del árbol, como decía Eduardo, lejos de las raíces; y el anhelo de descanso era fuerte en mí. No es de extrañar que así fuera en un lugar así, tan fresco y apartado, un lugar también en el que, al menos por un corto tiempo, estuvimos a salvo de la picadura de insectos, y donde miríadas de mariposas de todas las formas y tamaños sirvió para alegrar la escena con colores espléndidos, y agregar su cuota de alegría al arduo trabajo de la vida, alrededor del cual giraban y revoloteaban. Merecíamos nuestro descanso, porque todos habíamos cabalgados muchas leguas.

Sin embargo, antes de sentarme bajo el árbol amistoso, debo asegurarme de que Eduardo desensille a Luisa como es debido. Esta supervisión era necesaria, ya que el joven tenía la costumbre de dejar que la silla se deslizara al suelo, con el pomo hacia abajo. ¿Qué sería de mí si este, el más útil de los objetos, se dañara o se rompiera en esta etapa del viaje? Me estaba sintiendo más débil, por lo que debía evitarse todo riesgo que pudiera ocasionar molestias.

La silla fue llevada a la sombra de un arbusto, y luego tomé mi asiento y le indiqué a la campesina que viniera y se sentara cerca de mí. Un poco de brandy y agua en la petaca de viaje y algunas tortillas eran todo lo que tenía para ofrecer. Me propuse compartir esto con la extraña, a lo que ella fácilmente asintió; y por su propia cuenta sacó un poco de queso y una fruta verde de aspecto seco que estaba lejos de ser atractiva. Unas rodajas de plátano asado enrolladas en hojas dieron un mejor giro a los asuntos, y la aparición final de una botella de leche fue realmente a esta festín la *crème de la crème*.

Mientras tanto, los hombres descargaron las mulas, charlando y gesticulando mientras lo hacían. El deleite de los animales mientras sus manadas desaparecían era curioso de presenciar, y nuestra mula de equipaje, usualmente seria, expresó su satisfacción pateando a sus vecinos a derecha e izquierda, y azotando todo lo que podía.

Terminada la primera excitación de la libertad, rodó sobre la suave y dulce hierba y luego entró entre las mulas de carbón y empezó a morderlas y patearlas deliberadamente. Un grito de Marcos y un tremendo golpe de su bastón actuaron como disuasivos; y con el grito de "¡Ah, mula redonda!", nuestra amiga fue "reprendida" en una orilla, y la hicieron esperar allí hasta que llegara su turno para cruzar. Esto fue bueno tanto para la especie humana como para la animal, porque un golpe perdido podría haber caído sobre algunos de nosotros; y es bien sabido que una patada de una mula es mucho más severa, en grado, que una patada de un caballo.

Mi compañero expresó su opinión de que la bestia rebelde había sido mordida por la mosca del caballo, ya que aún corría, se frotaba y pateaba contra los arbustos. La agonía por la picadura de esta mosca es muy grande y, al pasar por los pantanos, el insecto seguramente estará al acecho. Es de gran tamaño y tiene cierto parecido con la mosca azul; generalmente ataca cerca del ojo. "Sé un poco del asunto", continuó mi informante, "y le aseguro que una mosca se quedará pegada a una mula en particular durante muchas leguas después de que haya pasado su 'hábitat'. Un buen arriero siempre está atento a esta plaga, y tiene cuidado de quitárselo al animal, porque no solo pica profundamente, sino que también extrae mucha sangre".

Hablamos y descansamos durante casi una hora. El indio dueño de la canoa había sido invitado a desembarcar y participar de las raciones de los hombres, y el pobre hombre parecía disfrutar más profundamente de la bondad y la buena compañía con las que había caído. La campesina me dijo que su esposo criaba mulas en un rancho del interior, y que iban camino a Santa Cruz para recibir el dinero de una venta de animales que él había hecho al ingeniero de la obra ferroviaria cercana a esa ciudad. "No paraban en Santa Isabel, como pretendíamos hacer", dijo, porque tenían amigos en el interior unas millas más adelante y podían llegar al lugar antes del anochecer.

La travesía se efectuó, pero demoró mucho debido a la corriente molesta. Esta era tan rápida, que incluso nuestro audaz amigo, el macho, se negó rotundamente a meterse en el agua, y finalmente hubo que arrastrarlo por la cabeza hacia adelante y empujarlo vigorosamente desde atrás para sacarlo a flote. Cuando estuvo dentro del agua, se negó a salir y se divirtió nadando alrededor de la canoa, con el mayor peligro para ese frágil transporte. El indio, ágil como un mono, en un repentino giro saltó sobre su espalda; y así, con la ayuda de otro hombre, este desgraciado fue arrastrado, rebuznando y pateando, a la orilla opuesta. Los comentarios de Marcos en esta ocasión no son aptos para ser registrados para los oídos educados; sin embargo, nunca puso un dedo sobre la bestia.

¿No era el macho un animal valioso y Marcos no esperaba venderlo en el viaje de regreso?

Al fin todos, felizmente bien gestionados, nos despedimos de nuestros nuevos amigos y apresuramos nuestros caminos. Unas pocas millas de distancia llevaron a mi grupo a Santa Isabel, que, en lugar de ser un pueblo, como esperábamos, era solo una mitad dañada, una mitad de choza, una vivienda solitaria. Era particularmente rico en hierba, y esto encantó a Marcos por el bien de sus mulas. Yo, por mi parte, me deleitaba con la leche pura, paseando entre las vacas e inhalando el aire, que aquí olía bastante a tomillo silvestre.

La mujer de la casa fue muy servicial, pero no tenía con qué reponer nuestro comisariado. Un ave dura y unas tortillas que ella horneó expresamente para nosotros, fue todo lo que pudo conseguir. La noche fue espantosa, y esto tuvo el efecto saludable de hacernos levantar nuestras tiendas muy temprano a la mañana siguiente. Un cuenco de leche era mi propio desayuno, y no sabía si podría conseguir algo más durante muchas horas.

Mi diario del 27 de julio puede ser admisible aquí:

"Cabalgamos varias millas y pasamos por unos gloriosos cedros. Aquí, por primera vez, vi esa hermosa ave, la *Cardinalidae rubra*, que es notable por estar tan nerviosa por su propia seguridad que nunca construye a menos que se sienta perfectamente segura. A veces elegirá cinco o seis lugares diferentes antes de terminar su nido. El cedro más alto y oscuro es su hábitat habitual, y su canto es muy peculiar, algo entre un gorjeo y un silbido. Su nombre se debe al esplendor de la cresta, que es de un brillante color escarlata, entremezclada aquí y allá con algunas puntas de color verde pavo real. La hembra no tiene cresta, pero es un pájaro de forma elegante".

Fue la nota peculiar de este cantante lo que primero llamó la atención de Eduardo hacia nuestra hermosa vecina. Como el suelo era blando y habíamos estado pisando una gruesa capa de fragantes agujas de cedro, era posible que no hubiera habido suficiente ruido para asustar al pájaro. Su magnífica cresta miraba a través del fondo de follaje de cedro oscuro con gran efecto. Nos detuvimos simultáneamente; y Eduardo, acercándose a mí, me dijo: 'Señora, ¿me presta el revólver? Puedo derribarlo'".

"No, Eduardo, sería crueldad; además, haría pedazos al ave; ni se te ocurra dispararle".

"Pero, señora, me gustarían sus plumas".

"Muy bien, Eduardo, solo te puedo decir que, si le disparas al pájaro, no te daré el revolver, como tenía pensado hacer, cuando llegáramos a San Pedro Sula".

Esto zanjó el asunto y Eduardo devolvió el estuche a la bolsa de lona de la que lo había sacado a medias.

Hasta el momento, nunca habíamos tenido ocasión de utilizar este objeto como arma de defensa, pero de vez en cuando permitía que el muchacho lo disparara; pues, gracias a la generosidad del oficial del Clyde, también se había suministrado munición adecuada con el pequeño estuche. Eduardo me había enseñado el uso del arma y yo la había disparado más de una vez para practicar; pero nunca me sentí muy feliz manejándola, y más bien esperaba con ansias el momento en que pudiera deshacerme de ella con seguridad.

Marcos comenzaba a impacientarse por la demora y de repente lanzó un grito. Esto tuvo el efecto de asustar a los pájaros, uno o dos de los cuales volaron con un grito estridente hacia algunos árboles más distantes. Los vimos más perfectamente por este medio, y así satisfecha, me importaba poco que el arriero me apurara perentoriamente.

Mi diario continúa diciendo que llegamos a continuación a un lugar llamado Maniobar. Muy bonito, pero los habitantes estaban celebrando algunas carreras, y siendo este el caso, no pudimos conseguir ni comida ni refugio. Estos eran los seres más groseros que habíamos encontrado. Tuvimos que cabalgar a Coalcar.

Maniobar resaltaba por otra cosa: fue aquí donde vimos una gran serpiente venenosa. El reptil literalmente se arrastró por los pies de la mula de carga; y Luisa, con el horror instintivo que todas las mulas tienen de las serpientes, casi saltó su propia altura del suelo. Los hombres sacaron rápidamente sus machetes; pero el reptil era muy rápido para ellos y, levantando su cresta con un silbido, se deslizó bajo unos arbustos. Este fue un escape bastante estrecho.

La noche fue particularmente espantosa; el lugar en el que nos detuvimos era tan poco atractivo que me propuse, como la luna estaba llena, viajar de noche.

Los mozos evidentemente temían, como siempre habían temido, viajar después del anochecer, por lo que se negaron a esto. El resultado fue: "Hice colgar mi hamaca afuera y aproveché al máximo. Enjambres de mosquitos y muy poco para comer y beber".

La siguiente entrada registra una experiencia mucho más agradable: "Después de un cansado viaje, llegamos a Santa Cruz. Este pueblo está construido con cierta uniformidad, y está muy por delante de muchos por los que hemos pasado. Fuimos primero a la posada principal, pero encontramos que el propietario era dueño de una casa de campo en el vecindario que estaba en nuestra ruta y decidimos ir allí. Como Marcos quería quedarse en el pueblo, accedió de buena gana a ir a la finca conmigo y las mulas, si les concedía a él y a Eduardo un permiso hasta las nueve de la noche en punto; yo acepté, y a las tres de la tarde me dejaron en manos de una alegre española, esposa del dueño de la posada de Santa Cruz".

Fue un gran placer encontrarme con alguien de tanto refinamiento como resultó ser esta dama; y cuando me hube bañado y cenado cómodamente, disfruté bastante del paseo con ella en el frescor de la noche. Ella era la descripción de la mujer que Honduras quería, y mientras estábamos sentadas en la terraza tomando café, no pude evitar decírselo.

"Hemos tenido muchas desgracias en los últimos años señora", dijo, "y muchos malos ejemplos de quienes pretenden enseñarnos avances en las transacciones comerciales. ¡Mire ahora ese ferrocarril de Honduras! ¡Pudo haber beneficiado al país! Ah, Señora, tenemos que agradecer al pueblo británico por arruinar nuestro comercio durante muchos años. La ruina y la pérdida hacen que las mujeres estén desesperadas, señora, y ese ha sido el caso en la Honduras hispana. Sin embargo, ahora esperamos días más brillantes. Estados Unidos está aportando mano de obra y dinero. Sí, creo que se acercan tiempos mejores. ¡Dios lo conceda!".

Maniobar.

CAPÍTULO XI: DOCE PESOS POR CADA UNA DE LAS TRES MULAS

Cuando llegó la hora de partir la mañana siguiente, yo, por primera vez durante este viaje, mostré la mayor renuencia a salir, pues nunca había estado tan cómodamente alojada, ni gozado de tanta intimidad.

No pude evitar decirle esto a la padrona cuando me trajo un excelente desayuno, bien dispuesto en una bandeja cubierta con lino fino.

"Aplace la partida por una hora", dijo ella, "sus hombres están lánguidos esta mañana, porque ayer aprovecharon al máximo su día libre y están dispuestos a descansar. La llevaré por la granja; la mañana está fresca todavía".

Fuimos a la lechería, donde había una gran cantidad de hermosas vacas con sus terneros, lo que dio mucha ocupación a cuatro o cinco muchachos y muchachas que, aunque mal vestidos, se veían sanos y brillantes. Dos mujeres jóvenes estaban ocupadas en la lavandería, de donde el olor limpio de la leña hirviendo en un caldero para hacer la lejía anunciaba que la ropa lavada en ese establecimiento estaría muy limpia, y no se estropearía con jabones químicos y otras abominaciones; su único uso es salvar el trabajo necesario de manos y brazos de las lavanderas (así se llaman), y destruir el material.

Bordeando una pequeña panadería, pasamos por una puerta hacia el jardín. Este solo estaba en curso formación, y evidentemente era el orgullo de la padrona. Fue encantador encontrar guisantes dulces y reseda creciendo en un borde bien trazado; de hecho, en este aire delicioso y a esta altura, muchas flores inglesas florecerían exuberantes. Mi anfitriona poseía una gran colección de semillas de jardín, y estaba haciendo experimentos con todas a su vez.

Entre las encantadoras plantas, me mostraron un bonito arbusto con flores llamado "Espinarosa". Por cierto, creo que una casa de perfumería de Londres anuncia una nueva fragancia que lleva este nombre. ¡Que todo el éxito le acompañe! porque nada puede ser más delicado que la fragancia de la flor de Espinarosa; y, como el agua pura, su virtud específica es imperceptible, aunque la perfección es la virtud que la caracteriza en su conjunto. La padrona había importado dos de estos arbustos de Guatemala, pero creo que la planta también se encuentra en Honduras.

El tiempo no se detendrá ni siquiera en Veracruz, y pronto Marcos me persiguió hasta el jardín, con la insinuación de que debía montar rápidamente. Al regresar a la casa para completar los preparativos, encontré entre mis cosas un estampado de algodón, que le obsequié a mi amable anfitriona, ya que era suficiente para hacer un vestido para su pequeña. Había comprado la tela, junto con un buen bordado, para hacerme una bata corta, así que afortunadamente esto hizo que el regalo fuera respetable. En cuanto a aceptar cualquier remuneración en forma de dinero por el alojamiento, la amable criatura repudió la idea. "Estaba tan feliz de recibir a alguien con quien poder conversar", dijo; "¿Y no era yo una 'Soltera'? ¿Y por qué era esto? ¡Y oh! El mundo era tan duro".

Hablando así, la padrona caminó a la cabeza de la mula y me condujo a través de las vallas rotas que delimitaban la tierra desordenada fuera de su dominio hasta un encantador valle, por el que brillaba un arroyo que corría, balbuceando musicalmente y que parecía arrojar diamantes de luz amarilla sobre los cascos de Luisa, mientras salpicaba en el centro de su lecho. Allí nos despedimos, con el fraternal beso de paz, y me llevé un muy tierno recuerdo de Veracruz. ¡Ay dios mío! Vera Cruz; Cruz verdadera. ¿No puede su significado ser comprendido en parte en todos los reinos de la tierra, donde separarse, incluso con un extraño, le da una punzada al corazón?

El camino se volvió muy pedregoso unas horas después de dejar el valle, y lo declaramos sólo inferior a un valle de pedernal, de algunos kilómetros de longitud, que atravesamos después de haber dejado atrás Comayagua.

Aquí Luisa se sobresaltó por una novilla que se precipitó de un seto al escuchar nuestro acercamiento, y así me llevó al fondo de un matorral, donde perdí mi velo y el ala de un costado de mi sombrero. Esta pérdida puede parecer demasiado insignificante para registrarla, pero el efecto de este leve accidente fue que, por la noche, la piel de un lado de la garganta y la cara se despegó en tiras, y pasaron algunos días antes de que el dolor desapareciera por completo. Tal es la fuerza del feroz calor del sol del mediodía en Honduras.

El castigo de nuestra salida tardía se pagó no solo por tener que sufrir un gran calor, sino también por la necesidad de viajar rápido. Literalmente habíamos vagado colina arriba y corriente abajo. Al caer la tarde, nos encontramos entrando en una gran llanura, sobre la cual no parecía crecer nada más que hierba alta de un color verde pálido y algunos arbustos torcidos.

¿Qué era eso en la distancia? Parecía el monumento de una mujer colocado en un pedestal alto, y más cerca había otro que tenía la forma de un león acostado. Ahora pasamos por un grupo de enormes piedras parecidas a rocas, algunas de las cuales presentaban un parecido grosero y grotesco con leones y perros. A lo lejos, en la llanura, desprendidas y dispersas, se levantaban esas enormes figuras; algunos sin una forma definible, otros, de nuevo, gigantescos y extraños en la sombra cada vez más profunda de la noche. Recordé que teníamos que cruzar un recodo del río Palenque, y me pasó por la mente la idea de que estas piedras podrían pertenecer de alguna manera a las curiosas ruinas encontradas por los Sres. Stephens y Catherwood en sus investigaciones por Centroamérica y en Palenque especialmente. Pero por lo que he visto, estas piedras no tienen escultura, ni transmiten la idea de que alguna vez hayan pertenecido a un templo o palacio, o que hayan estado conectadas en un edificio de ningún tipo.

Luego me detuve con la intención de examinar una pequeña piedra, cerca de la cual pasé; pero Marcos lo impidió con la más fuerte determinación expresada en el apretón de su delgada mano morena. "Es un mal lugar", dijo, "un lugar de los muertos". No intenté más, porque la creciente oscuridad y el silencio de mis asistentes comunicaron un escalofrío a mi propio espíritu. La única idea clara en mi mente era que no estábamos lejos de Omoa, y Omoa no está a muchas millas de Copán, el lugar donde el Sr. Stephens, si no me equivoco, se encontró con el más elaborado de los ídolos esculpidos.

Mis asistentes, aunque no hicieron ninguna señal, evidentemente estaban asustados. Mantuvieron a los animales más juntos y procedimos a un trote muy rápido. Una de las formas me recordó tanto a la historia de las 'Mil y una noches' del hombre que se transformó parcialmente en mármol, que, en asociación con el entorno, comencé a preguntarme si esto era el sueño de una Noche de Arabia.

Los demás estaban un poco delante de mí, porque el camino se había estrechado y estábamos pasando por el costado de un grupo de árboles. De repente, una masa oscura, precedida de una carrera, cayó sobre el cuello de Luisa. Casi saltó su propia altura del suelo; mecánicamente saqué el revólver del bolsillo de cuero que colgaba de mi cinturón y disparé, arrojando el arma al suelo asustada por lo que había hecho. Los machetes de los dos hombres estaban en el cuerpo de la masa simultáneamente, y supe que había disparado en la cola de lo que al inspeccionar resultó ser un coyote. Aquí se dice que un coyote es la descendencia del perro y el zorro. Son peligrosos si se encuentran en manadas. Resultó ser una criatura medio muerta de hambre, que podría haber sido atraída por alguna carne seca de venado que colgaba de la silla del macho que Eduardo conducía justo al frente. Para mi sorpresa, Luisa no estaba inquieta en lo más mínimo; el macho, por el contrario, hizo violentos intentos de arrancarle las riendas a Eduardo y escapar.

"Ahora, señora", dijo Marcos, mientras levantaba el revólver; "debe cabalgar rápido, muy rápido; esta bestia puede tener un compañero. Rara vez están solos, y eso podría ser peligroso. Vamos, rápido.

Montamos en consecuencia. Marcos avanzaba con paso rápido y nosotros lo seguíamos a buen paso, hasta que dejamos atrás la llanura. Estaba casi oscuro cuando nos detuvimos en la puerta de un campo de maíz, por el que pasó Marcos; porque con su ojo de halcón había divisado el techo de una vivienda que sobresalía un poco más allá.

Cabalgando por el campo, llegamos al frente del edificio, que era bajo y estaba cubierto por un techo de paja, que evidentemente servía como veranda. Todo el lugar se veía tan miserable que insté a los guías a seguir adelante, o incluso a intentar llegar a Potrerillos (nuestra estación para San Pedro Sula), ya que la luna estaba llena y el camino era perfectamente llano. Para entonces, un anciano, seguido por su familia, llegó al borde de una amplia zanja, que separaba el jardín y la cabaña de donde esperábamos, y preguntó qué queríamos.

Marcos le dijo que volviera a guardar a sus tres perros flacos, que ladraban furiosamente todo el tiempo, y luego se lo diría.

Siguió una discusión, y el resultado fue que decidimos permanecer donde estábamos, al menos hasta el amanecer.

"No es seguro seguir", dijo el anciano; "la mala gente (o rateros) están en estos lugares". Por eso había cavado esta amplia zanja delante de su jardín y había puesto a sus perros a dormir en ella al anochecer.

La discreción en esta coyuntura era ciertamente la mejor parte; y colocada sobre ella la tabla que pertenecía a esta excavación, ingresamos a los dominios del señor Juan Masaveo. Este individuo se enorgullecía de ser un español de raza pura, y nos dijo que pertenecía a Cataluña. Una mirada superficial al local me convenció de que era mejor que me tumbara, como estaba, en mi hamaca; así que esta se colgó en el cobertizo que había sido recién cubierto con paja. El perro más joven resultó ser un animalito muy amistoso, y unas cuantas migajas que le di lo convirtieron en un firme aliado; luego de lo cual, establecida la intimidad, se acostó bajo la hamaca; y creo que, en mí defensa, estuvo a la altura de lanzarse contra cualquier intruso que pudiera aventurarse en el cobertizo o molestarme de alguna manera.

Al primer destello del amanecer, Eduardo metió su rostro y anunció que no había nada para comer y que las mulas (que sin duda habían estado mejor) podrían estar listas en una hora.

"No podemos conseguir leche aquí, señora", continuó el joven, "hasta que la vaca venga de pastar en la colina".

"¿Cuándo aparecerá esta vaca?", pregunté. "¿No saben las mujeres?".

La respuesta fue transmitida en ese inimitable encogimiento de hombros y gesto de mano con que los hondureños responden consultas y resuelven dificultades.

"¿De qué viven estas personas?", persistí, pues estaba débil por el hambre, y pensé que la vaca sería tan necesaria para algunos de ellos como para mí.

"Oh, de plátanos, venado seco y de una especie de sopa hecha de maíz. Los hombres comieron esto antes de ir a trabajar".

"Entonces no podemos depender de nada más que de esta vaca", comenté. "¿No pueden ir a buscarla? Pagaría por eso".

"Vendrá cuando ella quiera", replicó Eduardo, sin hacer la menor sugerencia o intento de ir a buscar al animal él mismo. "Le he traído algo de agua, señora", continuó, "tienen un buen pozo aquí".

El agua fue una bendición, y después de usarla libremente, me sentí mejor, y capaz de empezar el viaje a Potrerillos. La idea de irme era un tónico en si mismo.

Los hombres habían comido unas cuantas tiras de venado seco, pero las mulas habían sido completamente alimentadas y dadas de beber; y me complació saber que, a fuerza de un buen viaje, podríamos llegar a Potrerillos a las diez de la mañana.

Mi anfitrión, viejo y pobre como era, me acompañó por la grieta, me montó y caminó una corta distancia a la cabeza de la mula. Le pregunté si podía decirme algo sobre las piedras y la llanura por la que habíamos pasado la noche anterior. Sacudió la cabeza y solo respondió que era un lugar de muertos, muertos hace muchos siglos. Eso era todo lo que sabía, dijo.

En la despedida, en una curva entre dos pendientes, Eduardo entregó al perrito, y el anciano literalmente se iluminó de placer cuando le puse una peseta entre las manos y le di una tierna palmadita. Su dueño prometió ser amable con él por mí, y luego, con la bendición, "¡El buen Dios la guarde muchos años!", el anciano se quitó la gorra y se fue.

Las diez de la mañana nos encontraron en Potrerillos, y después de hacer preguntas, cabalgamos hasta la casa de Monsieur St. Laurent, quien, según parece, ocupaba el cargo de jefe de la ciudad. Esta posición en todo Honduras es un puesto muy difícil de definir o explicar; y cómo el individuo que lo ocupa llega a esta dignidad, me resultó igualmente imposible de comprender. No depende de la edad, ni del talento, ni del tiempo de residencia en el lugar. Por fin, llegué a la conclusión de que alguien que poseía un poco más de energía de lo habitual, combinado con alguna participación comercial en el país, asumía el liderazgo de la comunidad, y la comunidad aceptó el arreglo como algo natural. siendo una conveniencia en general y un ahorro de molestias para todos.

Monsieur St. Laurent nos recibió muy cortésmente, pero nos dio una información que, por el momento, fue muy insatisfactoria para mí: esto era que el ferrocarril entre Potrerillos y San Pedro Sula estaba inservible; de hecho, estaba tan averiado que durante algunos meses se llevaron la planta ferroviaria y no quedaron más que los rieles y uno o dos puentes averiados. "Ahora tenemos que cabalgar a San Pedro Sula", dijo M. St. Laurent, "el camino es muy bueno y está a menos de cincuenta millas de distancia. Descanse aquí esta noche, si lo desea, y salga a las cuatro de la mañana; entonces llegará a San Pedro fácilmente por la tarde".

Pero aquí intervino Marcos. Dijo que le habían contratado para llevar a la señora a la estación de tren de Potrerillos. Bueno, no había estación de tren; además, se le pagaría en la casa principal de Potrerillos en presencia del jefe. Bueno, aquí estaba el jefe; que la dama cumpla su parte del contrato y le pague, y que lo deje partir.

En vano le urgió Monsieur St. Laurent al muletero a terminar el viaje y llevarme a San Pedro. Era obstinado, e incluso una apelación a su propio interés era, por maravilla, bastante superflua. Había ganado todo lo que quería, dijo el hombre, y la dama podía alquilar mulas nuevas aquí. Tampoco le valió la pena cruzar el Palenque; deseaba regresar pronto, porque esperaba vender al macho y a la mula de carga en Veracruz. Diciendo esto, Marcos sacó su copia de nuestro contrato de su bolsillo y lo mostro ante Monsieur St. Laurent.

Para el beneficio de aquellos que no han hecho viajes en mula, adjunto una copia de este contrato, que puede resultar útil para los futuros viajeros de montaña. Nadie debería viajar lejos sin que se le proporcione una forma de este tipo; ya que, al estar sellada con el sello del Gobierno, sirve de protección en lugares apartados, además de actuar como restricción, en caso necesario, al muletero.

Copia del Contrato

"Yo, Marcos Cárcamo, me comprometo a llevar a la señora 'Soltera' a la estación de ferrocarril en Potrerillos para San Pedro Sula, cobrando doce pesos por cada una de las tres mulas y once pesos para mí como muletero y hombre de confianza de dicha señora; siendo el total cuarenta y siete pesos.

Y ambos acordamos que este dinero me será pagado por la señora 'Soltera' en la casa principal (para seguridad de cada uno de nosotros) en Potrerillos al final del viaje.

Dado en Goascorán, el catorce de julio de mil ochocientos ochenta y uno"

(Firmado) "MARCOS CÁRCAMO".
"MARÍA 'SOLTERA'.
"o MARY LONE".
(Sellado)
"Doce reales"

Aquí está el recibo.

"He recibido la cantidad de cuarenta y siete pesos, como se prometió arriba, y estoy totalmente satisfecho.
MARCOS CÁRCAMO.

Testigos
"EDUARDO ÁLVAREZ"
"ALFREDO ST. LAURENT"

Marcos firmó su nombre con tan buena letra que M. St. Laurent preguntó dónde había aprendido.

"El buen sacerdote que fue bondadoso con los indios me enseñó", contestó. "Sabía más hace algunos años; pero ahora está muerto y no me interesa aprender de alguien más; además, estoy muy viejo".

Después se volteó hacia mí y me pidió que le diera un certificando, testificando su eficacia como guía, y también haberme servido fielmente.

Esto lo hice alegremente, y luego salió con Eduardo, desmontó el equipaje y quitó mi silla de la espalda de Luisa. Salí a darle un amable adiós a esta buena amiga, y Marcos se alegró tanto que dijo que debía contar el incidente de Goascorán. ¡La dama inglesa había besado a su mula!

Sin duda, podría considerarse una cosa efusiva, pero no me avergüenzo de la acción, y siempre me sentiré agradecida con esta paciente e inteligente criatura por la forma en que me cargó: nunca flaqueando, nunca enfurruñada y sin querer recompensa más que un puñado de pan y sal. Si Marcos hubiera sido tan bondadoso como ella, podría haberla llevado hasta San Pedro Sula. El conocimiento de esto hizo que mi adiós a su dueño fuera bastante frígido.

"Como me obligas a contratar otros animales y otro guía, Marcos", dije, "no puedo agregar algún regalo a tu paga. Adiós, y cuida a Luisa".

Madame St. Laurent se unió a nosotros y me invitó a entrar en la parte privada de su casa y tomar un refrigerio. Eduardo fue entregado al mozo de la casa, y ambos estábamos tan agradecidos por nuestro alojamiento que la cuestión de llegar a San Pedro no nos inquietó por el momento. Madame St. Laurent me pareció muy agradable y amistosa, y también era una mujer de educación superior. Nuestra conversación pronto se acercó al caballero en el que estaba tan interesada. "¿Sabe que lo esperan aquí hoy?", preguntó.

"No", contesté; "a menos que haya venido a encontrarme, en respuesta a un telegrama que le envié desde Comayagua".

"No creo que sea probable, pues nos enteramos que va camino a Comayagua. Se queda en una casa de este pueblo cuando pasa, y si llega hoy, yo lo sabré y se lo haré saber. Si no aparece, es posible que lo encuentre mañana en la carretera".

"Muy extraño, ¿no es así?, que salga de San Pedro justo cuando yo entro".

Madame sonrió, miró a su esposo y luego dijo: "Ha habido un gran cambio en la colonia durante los últimos meses; varios de los colonos han regresado a casa; otros se han ido a Guatemala; muy pocos quedan ahora".

"¿Está segura de esto, Madame?", pregunté.

"Bastante segura, pues muchas familias pasan por aquí, y hablan muy libremente; parece que han sido engañados de muchas formas. Se quejan solamente de una persona; y la única falta que encuentran en el Gobierno es que se ha dejado engañar por este hombre y es tan lento en reparar sus agravios".

"¿Cuáles son estos agravios?".

"Se dice que cuando fletó la embarcación para traer a estos colonos aquí, hizo que la mayoría de ellos le confiaran su dinero y que no pueden conseguir un asentamiento. Luego existe la noción en el extranjero de que no es un sacerdote, sino un ex ministro protestante, que vino aquí con recomendaciones cuestionables. Sin embargo, no hay duda de su suspensión, ya que otro sacerdote ocupa su cargo. Me alegro de esto por su bien, porque el nuevo sacerdote es un hombre tranquilo y serio".

"En Comayagua me dijeron que la persona en cuestión no reconoce su sentencia de suspensión", contesté.

"Eso es absurdo", dijo Madame, "porque la iglesia está cerrada, y el alcalde sólo entregará la llave al sacerdote recién nombrado. Se dice que su predecesor nunca será reintegrado. De hecho, ¿cómo puede ser de otra manera? Es una gran lástima, porque nadie se embarcó en una empresa con mejores perspectivas. El gobierno era liberal; el alcalde presbiteriano y el cónsul protestante en Puerto Cortés ayudaron y estaban ansiosos por recibir a los colonos".

"Y estos", agregó Monsieur St. Laurent, "eran en su mayoría una clase respetable de granjeros irlandeses. Trajeron algo de dinero y creo que con un líder diferente lo hubieran hecho bien. Se ha cedido un terreno para construir una escuela, pero la escuela ni siquiera se ha comenzado".

"¿Qué podría inducirlo a escribirme y comprometerme a supervisar esta escuela?", pregunté.

Madame se rio. "No sé", dijo al fin; "pero me atrevo a decir que le explicarán eso en San Pedro. Ahora, vaya a descansar, nosotros veremos que podemos hacer para conseguirle sus mulas. Sé de una que puede montar, y esa es la parte principal del asunto".

Se me asignó una habitación como un pequeño granero, y Madame me había enviado un baño, agua y toallas; Eduardo, habiendo buscado mi comodidad, pidió permiso para ir con el mozo de Monsieur St. Laurent a procurar una mula para él y una mula de carga.

"Hay un muletero muy bueno en Potrerillos en este momento", dijo el joven, "apenas tiene un día de haber regresado de un largo viaje; su nombre es Andreas, y es muy conocido. Me recomiendan presentarme ante él".

No me encontré con mis amables anfitriones hasta la puesta del sol, y entonces Madame llamó a la puerta y entró con una copa de vino blanco y una galleta en la mano. "¿Vendrá a ver mi jardín", dijo ella, "y luego cenará con nosotros a las ocho en punto?".

Esta invitación fue sumamente aceptable, y el jardín era en todos los aspectos un jardín agradable, y uno de los testimonios más completos de la manera inteligente y perfecta en la que los franceses de todo el mundo utilizan el espacio y adornan lugares desagradables. Algunas enredaderas exuberantes ensombrecían las profundas ventanas con aspilleras, y las empalizadas que rodeaban la casa estaban pintadas de un verde frío, a través de las cuales el hermoso laurel de nieve, acortado y podado, se retorcía lo suficientemente espeso para dar sombra a las plantas del interior. Un gran barril que se guardaba para regar el jardín estaba tan profundamente envuelto por una clemátide que parecía estar literalmente incrustado en un enorme manguito blanco. Había hileras regulares de magníficos bálsamos, en su mayoría de colores rojo y naranja, a ambos lados de un amplio camino de grava, y aquí fue donde Madame y yo caminamos y hablamos hasta la hora de la cena.

En esa comida me atendió Eduardo, y me enteré de que todo estaba preparado para la salida a las cinco de la mañana. El muletero Andreas vendría con nosotros y cruzaríamos el río Palenque en canoa; el único problema en el camino sería la carga y descarga de los animales, y a eso nos habíamos acostumbrado.

Incluso aquí dominaba el demonio de la impuntualidad y, a pesar de todos los esfuerzos de Monsieur St. Laurent, había pasado una hora de la hora señalada para partir hacia San Pedro Sula. A pesar del calor del sol, Madame salió con un mosquitero en la cabeza para despedirse, acompañada del mozo, con una taza de café hecha de la manera perfecta que parece un regalo celestial de los franceses.

Estos buenos amigos me dieron un amable adiós, y como Andreas era veloz, pronto estuvimos bien encaminados.

Salvo que el país estaba mejor cultivado, no presentaba bellezas muy notables, pero pasamos por unos hermosos guacamayos en los árboles; de hecho, algunos de los arbustos más pequeños estaban literalmente cubiertos con estas joyas vivientes. Pasando por el bosque, el arrullo de las palomas, y el silbido de los *Cardinalidae rubra* se mezclaba bien con el lejano murmullo del río, que saltaban a la extensión de algunos kilómetros. Por fin se llegó al lugar del cruce; Andreas llamó a la canoa y el barquero, llevándome primero, me sentó en una casa de madera a la sombra, en compañía de un ternero y dos niños. Mirando entre las grietas de las tablas, casi caídas hacia el río, me sentí decepcionada por esta apariencia lodosa e imprecisa en este punto; tan inferior al encantador Blanco. Las riberas enyesadas de barro y juncos, con algunas cañas de aspecto infeliz que penetran en el fango, acompañadas de jirones de cuero y cuerda (restos de antiguos cruces), me dieron la idea de un río en ruinas; Palenque, en todas sus variantes, parecía no respirar más que misterio y desolación.

Nuestra parada del día fue en las afueras de un pequeño conjunto de casas, todas construidas con casas cónicas muy altas de techo de paja. Vivaqueamos bajo unos árboles magníficos, y Andreas fue a buscar a un jardín del vecindario una provisión de las sandías más excelentes que he visto en mi vida. Con unos céntimos compró seis de éstos, y el dueño del huerto amablemente envió, además, un melón para el deleite especial de la señora.

Disfrutamos mucho de nuestro almuerzo; y como la hierba y el agua eran buenas, nuestros animales también se alimentaban cómodamente, aunque la parada aquí fue necesariamente breve.

Nuestro camino pasaba ahora por el verdadero palmeral de Honduras: hermoso, enredado, sin cultivar, húmedo y pintoresco.

Perdido todo rastro de camino, entramos y salimos donde el suelo era más firme y libre de las raíces descubiertas y extendidas de los árboles, y las guirnaldas de plantas parásitas que se arrastraban desde arriba, haciendo una oferta justa a veces para rodearnos y levantarnos de nuestro mulas. Absalón aquí no habría necesitado un roble.

Acabábamos de atravesar un terreno pantanoso y salimos a campo abierto, cuando vimos dos figuras montadas que venían hacia nosotros, una en una hermosa mula y la otra en una yegua de buen aspecto. El jinete de este último era un hombre de aspecto elegante;

el otro, bajo y robusto, pero con lo que se llama una cara de buen carácter.

Andreas exclamó: "Aquí está el doctor Pope, señora, el bajo; el otro es don Jesús Gonzales, juez de paz de San Pedro Sula".

Inmediatamente apresuré a mi mula y me atravesé en el camino frente a los jinetes. Inclinándome ante el hombre bajo, le dije: "Creo que tengo el honor de dirigirme al Rev. Dr. Pope. Soy María Soltera. ¿Ha recibido el telegrama que le envié desde Comayagua?"

CAPÍTULO XII: LLEGADA A SAN PEDRO SULA; ZARPANDO A NUEVA ORLEANS

El individuo al que me dirigía se apresuró a ir hacia mí, pero era evidente por su semblante que este encuentro era lo contrario de agradable. Reorganizándose apresuradamente, comenzó a explicar en un tono rápido que no había respondido a mi telegrama porque esperaba llegar a Comayagua antes de que yo me marchara. Pensó que esperaría hasta tener noticias suyas, y así sucesivamente.

Respondí que pensaba que se había ido a Europa y le recordé que en la última carta que me había enviado había mencionado que esto era probable y que, en consecuencia, su agente quedaría con plenos poderes para actuar en su lugar.

"Oh sí, sí", respondió el Dr. Pope; "pero mi partida a Europa está retrasada. Tengo una gran cantidad de asuntos legales que atender, de hecho, voy a Comayagua en este momento por una demanda muy importante, y no puedo regresar hasta dentro de quince días; mientras tanto, he hecho arreglos con una señora de San Pedro Sula para recibirla hasta mi regreso".

"El retraso es desafortunado", contesté, "pero, como estoy tan cansada de tantos viajes y dificultades, me alegrarán unos cuantos días libres de descanso. ¿Sería tan amable de darme la dirección de la casa a la que tengo que ir?".

El caballero, volviéndose, se dirigió al muletero, hablando en un castellano notablemente bueno; luego, continuando su conversación conmigo, agregó:

"Me temo que encontrará todo muy difícil, ya que no he tenido tiempo de pedir un colchón para su cama; pero en su viaje se ha acostumbrado a dormir sobre simples tablas", añadió en tono alegre, "y por eso no le importará".

"Le ruego me disculpe, señor", respondí; "Me han proporcionado mi propia hamaca; y me atrevo a decir que, al final de un viaje tan largo, se me debe proporcionar un alojamiento digno".

Hablé lentamente, mirándolo fijamente; porque por su tono sentí que podía ser muy impertinente tanto con provocación como sin ella.

"Estoy seguro de que doña Engracia hará todo lo que pueda por mantenerla cómoda", dijo él excusándose; "pero no debe esperar costumbres inglesas aquí".

Ante esto no dije nada, pero pregunté qué tan pronto volvería el de San Pedro Sula.

"Depende de los negocios", contestó. "También tengo que asistir a un Sínodo al que me ha convocado el obispo; pero me atrevo a decir que puedo excusarme de estar presente en la reunión".

"Qué raro; el obispo no mencionó esto cuando lo vi en Comayagua", respondí.

"¿Ha visto al obispo? ¿Le dijo que venía para acá?, preguntó rápidamente y su rostro se iluminó con una expresión mezclada de sospecha e interés.

"Le mostré mis respectos a su señoría y después le dije que vendría aquí. Para mi sorpresa el obispo apenas habló de usted, y ciertamente ignoraba que usted había hecho arreglos para traerme aquí", contesté.

"Bueno, este no es el lugar donde podamos mantener una conversación sobre el tema. Lamento", prosiguió, "no poder regresar con usted ahora. Por favor, vaya a la casa de doña Engracia, y le escribiré una carta explicativa desde Comayagua, y la enviaré por mensajero especial. Su vecino será don Pedro Sturm, médico noruego, que ha vivido muchos años en San Pedro Sula; con mucho gusto le será de utilidad".

El Juez de Paz, que había esperado pacientemente durante esta conversación, se acercó ahora e hizo algunas amables observaciones, y luego nos despedimos y seguimos nuestros distintos caminos. Pero aun así, el pensamiento cruzó por mi mente, ¿qué podría haberlo inducido a invitarme a San Pedro Sula?

Saliendo de las plantaciones, chapoteamos por un ancho riachuelo y, luego de atravesar las ruinas de una parte del difunto ferrocarril de Honduras, entramos al anochecer en San Pedro Sula.

Los alrededores de esta ciudad están lejos de ser desagradables, y varias casas respetables, erigidas en su mayoría por comerciantes alemanes, daban a la ciudad un aire de estabilidad que no podía dejar de impresionar favorablemente a un extraño. Pasó algún tiempo antes de que encontráramos la casa a la que nos habían dirigido; y cuando lo hicimos, me pareció que el nombre de doña Engracia no inspiraba mucho respeto. Nos dirigimos a una vivienda de aspecto mezquino y, ante nuestra llamada, una mujer de lo más poco atractiva apareció en la puerta.

"¿Es usted doña Engracia?", preguntó Eduardo, pareciendo horrorizado.

"Sí", respondió la mujer, que iba desnuda y con la cabeza descubierta, y tenía la barbilla vendada con un trapo sucio; "¿Y supongo que esta es la dama que debo esperar?"

"Así es", contesté. "¿Me ha preparado algún alojamiento?".

"Entre y vea", fue la respuesta. Desmonté y me condujeron a través de una habitación exterior amueblada con estantes. Sobre estos había algunas verduras y algunos plátanos. Abriendo otra puerta agitadamente, se reveló una habitación interior que contenía dos camas, una de las cuales estaba cubierta con ropa de cama de algún tipo, mientras que la otra estaba perfectamente desnuda, con la excepción de una gran piel de toro, que estaba colocada sobre el armazón de la cama como revestimiento. Este apartamento no contenía ni un vestigio de esteras ni de ningún otro mueble. Era miserable en extremo.

"¿Este es mi cuarto?", pregunté por fin muy decepcionada.

"Sí, señora, sí, y conmigo. El *conmigo* fue dicho con floritura.

"Esto no me servirá", respondí. "Yo tendré un cuarto para mi misma, y voy a ir directo a la mejor posada; ¿dónde está?". Y giré para salir.

El muletero, Andreas, que había estado de pie afuera, ahora habló, y con algo de indignación en su tono: "Este no es lugar para usted, señora; mejor hubiera venido a Chicaramos. Yo conozco Chicaramos; estará mucho mejor allí".

Eduardo estaba con los animales, y en alta conversación con un muchacho simpático de aspecto inteligente, vestido con pulcras ropas blancas, un sombrero de Panamá y un alegre puggaree. "Soy el sirviente de don Pedro Sturm, el médico de al lado. Me ha enviado a enseñarle la posada", explicó el joven. "Permítame acompañarla a la Posada Chicaramos".

Le agradecí al joven profundamente, y pronto estábamos de nuevo en camino. "¡Qué nombre tan extraordinario!", le dije al joven. "¿Es Chicaramos una villa o un suburbio?".

"No, señora", dijo; "Chicaramos es una mujer".

"¡Una mujer!"

"Sí, señora. Su nombre real es Francisca Ramos; la contracción de Francisca es Chica, y por eso el nombre se junta en uno solo. Todos le dicen Chicaramos. Es una mujer maravillosa".

Estaba muy cansada para preguntar en que podrían consistir las maravillas de Chicaramos, pero me contenté con la esperanza de que ella resultara ser una persona completamente diferente a la que acabábamos de dejar; y así, con la esperanza, cabalgamos hasta el portal de la Posada Francisca Ramos, que era su cortés designación.

La casa estaba construida en una plaza, siendo la última y nueva adición un salón y una sala de billar, que el propietario había levantado con el dinero obtenido por el hospedaje de los ingenieros y demás interesados en la construcción del ferrocarril de Honduras. En esta noche, este salón mostró la mayor ventaja, ya que un baile estaba a punto de celebrarse en él, y la sala alargada estaba alegre con luz y flores y asientos de caña pintados de vivos colores. Por eso nos hicieron esperar un poco en la puerta entreabierta, aunque se escucharon voces y exclamaciones en todas direcciones y en todos los tonos.

Nuestro guía propuso dar la vuelta al otro lado y entrar al patio por las grandes puertas, donde probablemente encontraríamos a alguien que nos atendiera. Hecho esto, un mozo voló hacia nosotros, declarando que el hotel estaba lleno a causa del baile. La señora podía tomar un refrigerio, pero no una habitación, todas estaban ocupadas, etc., etc.

Sin prestar atención a esto, cabalgamos hasta el centro del patio y desmontamos. Una mujer hermosa de aspecto desordenado, llevaba un vestido de muselina azul brillante, se acercó y me miró, luego se dio la vuelta y entró en la casa por una puerta en el lado derecho de la plaza.

"Esa es la nuera de Chicaramos", dijo nuestro nuevo amigo; "la esposa del hijo mayor. Ellos viven en este lado de la plaza, y la puerta del frente se abre hacia la calle comercial. Ella ha ido a buscar a su esposo".

Mientras él hablaba, un joven de apariencia gentil y sencilla salió y se acercó a mí. "Mi madre está ocupada", dijo él, "preparándose para el baile que se realizará aquí en una hora. La casa está llena, pero si acepta una habitación en nuestra parte, se puede preparar inmediatamente. Tendrá que pasar por nuestro cuarto, pero no hay problema con eso".

Esto fue lo mejor que pude hacer; y habiendo encontrado alojamiento para el muletero y Eduardo, nuestro guía se despidió, diciendo que su amo, don Pedro Sturm, vendría a visitarme al día siguiente.

Después de una cena ligera que comí en una mesa redonda, con la esposa del hijo mirándome desde el lado opuesto, me estaba preparando para ir a descansar cuando se abrió la puerta y una señora, con un vestido de seda amarillo, decorado con encajes negros y ricos adornos de oro. Cuando cerró una puerta, la esposa del hijo se levantó rápidamente y salió corriendo por la otra.

Parecía probable que estas dos mujeres no se llevaban bien.

Chicaramos (pues era ella), se acercó con gracia y se disculpó por la manera tan negligente con la que había sido recibida, pero expresó la esperanza de que "*mi hijo mayor*" la hubiera representado propiamente.

Ella era una mujer hermosa; y por la forma en que miraba, vi que manejaba bien los asuntos de su casa. Luego agregó que la música y el traqueteo de las bolas de billar me mantendrían despierta, pero mañana, siendo domingo, sería un día tranquilo.

Me llevaron a una habitación en la planta baja, que estaba pavimentada con baldosas rojas, y era lo más cruel posible en sus alrededores. Sin embargo, sí contenía vajilla, y este hecho en sí mismo anunciaba que Chicaramos era una mujer acomodada. Dos aberturas de ventanas, llenas de contraventanas macizas, que servían para mantener la habitación oscura y fresca, alegraron mi vista, ya que los marcos de las ventanas eran tan anchos que siempre podía entrar mucho aire y mosquitos a voluntad por la noche.

Una joven criolla locuaz había sido enviada para ayudarme, y expresó su sorpresa en voz alta de que una dama hubiera venido a San Pedro Sula para supervisar la escuela.

"Pero el doctor ya terminó", añadió esta damisela; "y ha hecho un largo viaje para nada".

"Me pregunto por qué me hizo venir", fue la respuesta que di.

Ella no lo sabía.

"¿Dónde vive el agente, el Sr. Brady?", pregunté. "Deseo verlo a primera hora de la mañana".

"Él vive muy cerca de aquí", fue la respuesta; "y yo iré con él mañana por la mañana".

"Gracias. Buenas noches".

A pesar de los inconvenientes para descansar enumerados por Chicaramos, sí dormí, y así de largo y bien. Era tarde (para Honduras), casi las siete de la mañana, cuando Eduardo llamó a la puerta y anunció que Andreas debía regresar de inmediato a Potrerillos, y que sólo esperaba que le pagaran.

Este negocio se hizo a través de la ventana; y luego le dije a Eduardo que le pagaría durante el día, y que debía buscar otro empleo de una vez, porque yo no podía permitirme tener un sirviente por más tiempo.

"He pensado sobre esto, señora", respondió el joven, "y como el marcador del billar se va a ir en uno o dos días, solicitaré el puesto. Verá, con esto puedo estar cerca de usted y hacer muchas cositas por usted hasta que se marche a Puerto Cortés y para Inglaterra. Este no es un lugar para usted, señora".

"Pero no tengo suficiente dinero conmigo para salir de aquí", comenté, "y, Eduardo, aunque me gustaría tenerte cerca de mí, preferiría que no fueras un marcador de billar; no es bueno para ti. ¿No puedes encontrar otra ocupación?".

"No en este momento. He averiguado, y me dicen, señora, que el servicio de Chicaramos es el mejor en el lugar".

Todo en el local estaba muy tranquilo; el día era domingo y los internos estaban cansados también con el baile de la noche anterior. Algunos bueyes grandes y pacientes miraban desde su establo abierto en el extremo inferior del patio; y algunos gallos y gallinas se perseguían en todas direcciones; mientras que varias palomas volaban de un lado a otro y se posaban en los techos de las distintas dependencias que rodeaban este recinto. Un gran pimentero ensombrecía los edificios inferiores, y un loro insolente caminaba de un lado a otro y mantenía todo en orden. En conjunto, era un bonito patio para una posada.

La siguiente señal de vida fue un sonido de traqueteo y la voz de una mujer, ni suave ni baja, llamando a la familia, y especialmente al hijo mayor, a que se levantaran. Pronto la voz viajó en mi dirección, y mi anfitriona me miró a través de la abertura, empujando la contraventana sobre sus bisagras mientras me decía "buenos días".

"Me alegra verla, señora", dije. "Quiero acordar mi estadía aquí por un poco de tiempo hasta que termine mi negocio. ¿Cuánto le debo pagar por mi alojamiento y comida? Por día, pues mi estadía es incierta".

La señora Ramos reflexionó por un momento y después dijo: "Cobro 5s. por día; pero si paga por semana, será un peso (4s. 2d.) por día. Espero que se quede, pues escuché que le ofrecerán el cargo de la escuela pública".

"Yo no he escuchado esto, señora".

"Me atrevo a decir que no, pero el asunto fue discutido entre algunos anoche después del baile. Don Pedro Sturm, el doctor principal, es uno de los concejales municipales, y él la llamará mañana. Todos hablan antes que yo", continuó Chicaramos, elevando su cabeza, "pues yo soy una de las personas principales del lugar".

Me incliné ante esto y le dije que no me sentía justificada en hacer nada hasta que hubiera llegado a un acuerdo con el Dr. Pope.

"Oh, en cuanto a Pope", prosiguió la señora con el mayor desprecio, "él no puede hacer nada aquí. ¡Ah, el dinero que me debe! Y cuando le envié mi factura él me amenazó con los tribunales. ¡Ho, Vicente!", le gritó la señora a un mozo gordo que se escabullía por el otro lado del patio, "ya has estado mucho tiempo en tu cama. Parte un poco de leña, y dile a Elenita que le traiga a la señora un vaso de leche".

Luego entró como una flecha en mi lado de la casa, y la escuché gritándole a 'mi hijo mayor' y a su esposa sin la más mínima ceremonia, en la puerta de la habitación de al lado.

Me trajo un vaso de leche la delgada muchacha llamada Elenita; y me dijo que su abuela le pidió que me dijera que mejor cenara siempre en mi habitación, ya que la señora Ramos nunca permitía que se tomaran las comidas en el salón bajo ninguna circunstancia. Y ella pensó que a la dama inglesa no le gustaría cenar en el cuarto público que presidía la nuera.

Pensé que era bueno cerrar este arreglo y, posteriormente, tuve motivos para felicitarme por haberlo hecho.

El Sr. Brady llamó la mañana siguiente, y fue para su propia sorpresa que le informé que él era el agente del Dr. Pope. Era un joven de buen carácter, con algunos medios, me informaron; y era entre él y el Dr. Pedro Sturm donde ahora vivía el Dr. Pope.

Una entrada en mi diario del 2 de agosto de 1881 dice lo siguiente: "Don Pedro Sturm llamó, y discutimos sobre mi participación en la escuela pública. Sin embargo, no se puede acordar nada de esto hasta que el gobernador de Santa Barbara venga aquí, que puede ser el siguiente mes, o los siguientes dos meses, o el siguiente año. Todo parece ser cuestión de *mañana*; y el salario, una cantidad desconocida".

Don Jesús Gonzales también vino a verme sobre el mismo asunto. Este caballero parece tener influencia con el gobernador, y expresó su intención de escribirle a este dignatario, urgiendo el asunto. Por cierto, Chicaramos me criticó por hacer una excepción con el nombre de Jesús por una denominación común (aunque se pronuncia "Hesooz").

"Pensé que era superior a la hipocresía, señora", estalló mi anfitriona. "Ustedes los del norte tienen a su Christian; y dígame, ¿qué es Christina sino pequeño Cristo? ¡Caramba!"

Confesé que no había estudiado lo suficiente el significado de los nombres cristianos, pero me aferré a que Christian sonaba menos familiar que el otro sonido.

Durante algunas mañanas observé a varios niños pequeños en el patio, y pregunté si estos pertenecían a la casa.

"No exactamente", contestó Elenita, "pero nos hacemos cargo de uno o dos. El pequeño Felipe es un pobre huérfano, y la abuela lo ha adoptado; esa otra no es hija del matrimonio, pero la *pobrecita* no puede evitarlo, y le prometimos a la madre cuando estaba muriendo que nos encargaríamos de ella. Por supuesto", continuó la muchacha, "el padre no puede venir aquí, pues la madre era nuestra amiga".

¡Ah! Inglaterra, respetable y moral, ¿no te ocurre con demasiada frecuencia que la mujer traicionada y su hijo son arrojados al polvo, mientras que el hombre sale libre y la sociedad le abre las puertas de par en par, e incluso lo acaricia por el mal que ha hecho? A menudo he admirado la amabilidad de los hondureños con los niños abandonados; la mayoría de las casas tienen uno o dos encargados, y la caridad se da sin ostentación y como algo natural. Estos marginados son recibidos realmente como miembros de la familia, y nunca he oído que su entrada cause molestia o moleste a ninguno de los demás miembros de la misma.

También me visitó el Dr. Otto, el último doctor que llegó a San Pedro Sula. Era un hombre joven de opiniones fuertes, y nunca mostró el menor escrúpulo en llamar a las cosas por su nombre. Era alemán y hablaba inglés muy bien. Siendo de opiniones muy "avanzadas", parecía tener un solo objetivo, y era ganar dinero lo más rápido posible. Chicaramos era una paciente suya; pero ella estaba a la altura de él, ya que, como sus honorarios eran elevados, subió el alquiler de su casa en consecuencia, ya que el médico era su inquilino. El humor con el que la dama me confió esta diplomacia fue suficiente para hacer reír a un gato.

Con tal carácter, mi corresponsal, por supuesto, no podía dejarse llevar; De hecho, el joven caballero dijo tanto, que por fin le pregunté si no temía aventurar tales observaciones. "Ni un poco", fue la respuesta, "y ahora, ¿puede soportar escuchar una verdad desagradable?".

"En realidad, señor, he tenido que soportar muchas cosas últimamente que creo que puedo soportar lo que sea".

"Muy bien. Ahora, se pregunta por qué Pope la trajo aquí; pensó que si venía, conseguiría un lugar en la escuela que se le habría asignado para su uso. Esto le daría un hogar; por lo demás, esperaba que trajera un poco de dinero para poner en marcha una plantación; de hecho usted se lo dijo en una de sus cartas".

"¿Cómo sabe esto?", pregunté rápidamente.

"Es sencillo. Un muchacho, del que sé algo, estaba sentado con el tipo cuando el mensajero le trajo su carta. Pope estaba de humor indiscreto, por lo que leyó una parte de la carta y comentó: 'La señora tiene algo de dinero, así que la invitaré a venir'".

Esta fue, como descubrí, la verdadera explicación; y como el Dr. Pope no tenía casa propia, y el Gobierno se negó a asignarle una después del primer año, la idea de instalar su residencia en la escuela debió ser un plan muy conveniente. Todo esto se frustró por la gente que se levantaba en masa contra él y exigía su expulsión.

Que una colonia nunca se arruinó más imprudentemente, que lo digan todos los funcionarios, ingleses, españoles y hondureños.

Don Jesús trajo a su esposa a verme, y descubrí que era una joven muy dulce. A menudo enviaba frutas en conserva y chocolate, y el buen don Pedro Sturm envió algo de vino ligero. Estos obsequios eran de lo más aceptables, ya que la mesa de Chicaramos era de la más tosca y pobre descripción. Muchos días, un huevo y una taza de café eran mi única comida. Mi estadía no le habría costado más de cuatro peniques diarios en promedio; pero fue así como Chicaramos demostró ser una mujer maravillosa. Como señalaba a menudo el Dr. Otto, todo lo que se necesitaba para mantener con vida a los habitantes de San Pedro Sula era una estera, unos plátanos crudos y un chorro de agua corriente en medio del pueblo. ¿Qué podrían querer otras personas con más?

El alcalde venía a verme a menudo por las tardes, y a él le debo algunas de las horas más agradables que pasé en San Pedro Sula. Era escocés de nacimiento, pero se había convertido en un español bastante naturalizado y hablaba bien el idioma (*n.ed. Juan Claudio Jack, alcalde de San Pedro Sula 1881*). Él era quien guardaba la llave de la iglesia, y se la entregó al nuevo sacerdote una mañana soleada, cantando un himno por el hecho de que este acto derrocó por completo al último titular. "Y ahora, mi querida dama", dijo él, "se va a dar un baile en una noche o dos para celebrar el cuarto aniversario del Gobierno de Honduras, y el comité municipal me encarga esta carta de invitación para usted".

Habiendo dicho esto, don Juan sacó una nota elegantemente escrita, dirigida a mí como Señora María, la maestra inglesa.

Al principio me sentí inclinada a rechazarla, pero, pensándolo mejor, me di cuenta que sería descortés hacerlo. La mano de la amistad había sido tendida con tanta cordialidad que fue con el corazón más liviano que seleccioné la ropa de noche para vestir (la primera vez en muchas semanas), para aparecer en el baile, efectuado, como de costumbre, en el salón de Chicaramos.

Mientras me vestía, creí oír voces discutiendo en la parte de la casa que ocupaba el hijo mayor; una puerta fue golpeada con más fuerza que la ordinaria después de una pelea desde adentro; luego todo quedó en silencio. Quizás era alguien que había entrado a la fuerza para ver los preparativos. Por lo tanto, descarté el tema de mi mente. Difícilmente debería haberme dado cuenta de esto, pero imaginé que había escuchado pasos acercándose a mi apartamento.

Mi baño terminó y entré en el salón, que estaba realmente decorado e iluminado con mucho gusto. Como no había entrado nadie, acerqué una mecedora a la gran puerta de entrada y me senté a contemplar las luciérnagas mientras pulverizaban la hierba de enfrente con sus chispas doradas. Un relámpago brillante centelleaba en la distancia lejana, que contrastaba de un modo fantástico con la penumbra de una noche inusualmente tranquila; no había ni tintineo de guitarra ni tintineo de bolas de billar, y poca gente se movía.

En ese momento me llamó la atención un objeto blanco que se movía en línea recta hacia la casa. Qué era, era imposible de descubrir; ¡quizás un visitante que llega con un traje elegante! La figura cruzó la hierba y se paró frente a mí. Era el reverendo Dr. Pope, sin sombrero, con un camisón de hombre sobre la ropa y *bolo* (español para intoxicado).

La sorpresa me sujetó a mi asiento y la prudencia me encadenó la lengua. Me miró y abrió los labios como si fuera a hablar; luego miró por encima de mí hacia el salón, como si estuviera buscando a alguien, se sacudió, dio media vuelta ¡y se fue!

Me levanté, cerré la puerta y atravesé el salón hasta el patio. Eduardo estaba en una mesa lavando vasos; se anticipó a mi pregunta, porque dijo:

"Ahora no, señora. Yo iré a verla; ya llegó la compañía".

La puerta que había cerrado con tanta prisa se abrió de par en par, y la compañía entró de dos en dos y de a tres, y luego se sentaron alrededor de la habitación, las principales damas ocuparon las mecedoras. Pronto siguió la música; los músicos, tres en número, tocando alguna pieza seleccionada, entraron ahora, y fueron escuchados con marcado silencio hasta el final.

No pude evitar contrastar esta cortesía con la grosera falta de atención que he visto mostrada en círculos de mucha más pretensiones durante la ejecución de música instrumental por parte de algún intérprete aficionado, o incluso profesional. En ambos casos, la música parece considerarse únicamente como una ayuda para la conversación, y el intérprete recibe el tributo del silencio sólo cuando el instrumento deja de vibrar.

Los jóvenes se movían entre las damas con educada facilidad, y cuando llamaron la Lanza todos se pusieron de pie. La Lanza, me dijeron, es un antiguo baile nacional y siempre ocupa el primer lugar en el programa. Los caballeros seleccionan a sus compañeras, y los que no se unen vuelven a sentarse. En los viejos tiempos referidos, los caballeros portaban lanzas cortas, y cruzando estas en algunas vueltas del baile, las damas pasaban debajo de ellas.

El aire de la danza es en sí mismo muy monótono, el arte de tocarlo consiste en un estricto énfasis en unas pocas notas. La figura no es diferente a la última, la quinta, del conjunto de nuestras "Cuadrillas de Lancer". Hay muchos avances y retrocesos en la pista, y una cadena de entrada y salida, en cuyos laberintos cada uno pierde adrede a su pareja. Un movimiento, que no pretendo describir, la devuelve de nuevo, y el conjunto se cierra con el elegante vals.

Sí; la manera de bailar de esta gente es elegante e incluso digna. Se presta una atención estricta a la ejecución del paso, y el caballero suele marcar el tiempo con un golpe rápido y fuerte en el suelo. Las figuras de ambos bailarines se ondulan con el movimiento de los pies; en efecto, la seriedad con la que todo ha pasado, indica que, al menos en los misterios del baile, los hondureños coinciden en que lo que vale la pena hacer vale la pena hacerlo bien.

Los caballeros bailan con tanta insistencia como las damas, y su manera de solicitar pareja es siempre muy respetuosa.

Entre los bailes, a intervalos, se repartían refrescos; y éstos eran en una escala muy limitada, consistiendo, por lo general, en un vaso pequeño de licor, uno más grande de agua y unos pocos pastelillos elegantes. Afuera, en la mesa del patio, se divisaba a algunos de los caballeros complaciéndose generosamente con cerveza embotellada y otros líquidos. Este gasto, y el alquiler del salón, fue la cosecha de Chicaramos. Nunca se había oído hablar de una cena de baile en toda Honduras.

Los puros y los cigarrillos realmente parecían ser el pan de la vida aquí, a juzgar por el número de fumadores de ambos sexos en este evento. Durante el intervalo permitido a los músicos también fumaron, y mucho antes de que terminara el baile, el piso se había vuelto bastante repugnante por la expectoración; el olor a tabaco que invadía el salón de punta a punta fue suficiente para envenenar a toda una provincia.

No me quedé más y me retiré sin ser percibida a mi habitación. Había relámpagos en la distancia, pero eran del tipo inofensivo del verano, así que los miré entre mis contraventanas entreabiertas sin miedo, de hecho con algo de interés. El contraste entre la noche solemne, con el relámpago en zig-zag, que se asemejaba a una serie de cimitarras, que sólo la mano del Gran Capitán les impedía saltar hacia abajo y esparcir la destrucción sobre la tierra, y la danza, el resplandor y la charla mezquina de cerca era suficientemente llamativa. Unos momentos después, Eduardo se encontraba debajo de la ventana.

"Ese hombre borracho era el doctor", dije, en un tono que bien podría parecer asertivo o interrogativo,

"Sí, señora; vino a la otra casa. El hijo mayor hizo todo lo que pudo para que se fuera, pero fue inútil. Entré detrás de él, y sin saber quién era, lo tomé por los hombros y lo arrojé a la calle".

"Debió haber venido después a la puerta principal, donde yo estaba sentada", dije.

"Así fue, señora; he escuchado que él tiene miedo de verla, y se mantiene alejado de usted. Debió haber regresado para entrar a la casa, pero no esperaba encontrarse con usted".

"¿Cómo lo sabes, Eduardo?".

"Chicaramos escucha muchos comentarios de la gente que viene a la tienda, señora; y llegan muchas noticias en el cuarto de billar".

"Bueno, cuando tengas un momento libre, ¿podrías ir con el Dr. Otto y pedirle que venga a verme mañana, tan pronto como sea conveniente? Asegúrate de pedirle permiso a la señora Ramos antes de que vayas".

"Así lo haré, señora; buenas noches".

El muchacho siguió su camino y yo me quedé en la contraventana abierta mirando los relámpagos y pensando. Esto, entonces, no era un escándalo en lo que respecta a los hábitos personales del hombre: bajo ninguna circunstancia sería seguro ni apropiado tener un nombramiento con una persona así; y era evidente que muy poco se podía hacer con el Juez de Paz, ni tampoco con el gobernador de Santa Bárbara. Sabía que este último había prometido venir a San Pedro Sula para inspeccionar los asuntos en general y establecer una escuela pública, ocho veces en tantos meses, y no había aparecido hasta el momento. El alcalde era muy amigo mío, pero me habían insinuado, más de una vez, que este funcionario sólo estaba ansioso por retenerme en el lugar porque yo era una inglesa, con quien él, siendo en parte escocés, encontraba agradable conversar. Sea como fuere, una cosa era segura, don Juan Jack, con toda su buena voluntad, no podía comandar ni al gobernador de Santa Bárbara ni a los fondos públicos de San Pedro Sula.

Por tanto, mi mejor plan era marcharme lo antes posible; porque aunque Chicaramos se portaba bien en general, su administración era tan miserable que yo pagaba por la inanición a razón de cuatro chelines al día. Estaba decidida a consultar al Dr. Otto y luego actuar como él me aconsejara.

El doctor llegó temprano en la mañana. Por supuesto, no se podía decir nada hasta que el caballero hubo pasado por su habitual lenguaje de censura contra los españoles, los nativos, el gobernador, don Juan Jack, y los habitantes en general y severamente; uno era un bribón; el Juez de Paz era un holgazán; el gobernador nunca cumplió su palabra; y don Pedro Sturm era un tonto. Chicaramos tenía el cerebro de todos.

"Espere, Dr. Otto, si cualquier otro hubiera hablado en contra de cualquiera de estas personas de la manera en que usted lo ha hecho, usted sería el primero en defenderlos. No quiero escuchar una palabra en contra de don Pedro Sturm. Él ha sido bueno conmigo".

"Bueno, está bien; él es bueno, es cierto".

"Quiero que su sabiduría se ocupe ahora de mis asuntos. Estoy segura de que no servirá de nada quedarme aquí; tanto tiempo como dinero se están desperdiciando, y escuché que no se puede hacer nada con respecto a la escuela pública hasta que llegue el gobernador de Santa Barbara".

"No confíe en su venida; y lo más probable es que si viene, y no creo que lo haga, porque es como el resto de esos idiotas holgazanes, despreciables y ociosos..."

"Espere, doctor, no abuse. Quiero saber si cree que es mejor que escriba inmediatamente al señor De Brot, cónsul en Puerto Cortés, y le pida que haga los arreglos necesarios para conseguir dinero de Inglaterra para llevarme. La verdad es que me siento más débil, y creo que ahora tengo un poco de fiebre y me da pavor estar enferma aquí".

Si está enferma no se puede ir; escriba al señor Albany Fonblanque, cónsul en Nueva Orleans: será más rápido. El Sr. De Brot está en su casa de campo justo ahora, en una de las islas, por lo que habría demora si le escribe. Fonblanque es un hombre de negocios minucioso, y si le escribe y expone el caso claramente, le prestará la mejor atención. El Wanderer zarpará de Puerto Cortés en tres días, y su carta llegará a tiempo; claro, si esa 'maquina' infernal no se descompone, o se olvidan de la bolsa de correo, o se inventa alguna pifia que sólo podría ocurrir en estas regiones. Ahora, recuerde escribir una carta breve e inteligible a Fonblanque, y vaya al grano".

"Confíe en mí. Creo que le pediré al Sr. Fonblanque que se lo envíe a mi abogado en Londres".

"Sí, esa es una buena idea. Ahora, no se preocupe por más negocios, pero mire, Mopsey viene a verla".

Mientras hablaba, el doctor sacó de su espacioso bolsillo un enorme pañuelo de seda, que estaba atado en las cuatro esquinas con un nudo suelto. Abrió esto y apareció Mopsey, el pequeño loro mascota.

"¿Quiere decir que siempre lleva al pájaro de esta manera?", pregunté.

"Claro que sí; se deprime cuando salgo y se siente completamente desdichado, por lo que lo llevo cuando voy a mis rondas. Son tan amables y adorables estos loros".

Ciertamente, Mopsey fue un verdadero ejemplo de lo que dijo el Dr. Otto sobre la raza. Fue curioso ver al pajarito trepando por su hombro y sentándose sobre su cabeza, y testificando su deleite en muchas formas de caricias; la cara ardiente y emocionada del doctor se suavizó al mismo tiempo en un molde algo benevolente, mientras levantaba su dedo como una percha para su mascota y se dirigía a ella como "Du".

Charlamos un rato, y no pude evitar desear que este caballero, tan brillante y agradable, pudiera otorgar un poco de la buena voluntad que testificó hacia la creación animal sobre la parte humana también. Algún error amargo, o tal vez, un largo camino de incomprensión (¿y qué más endurecimiento del espíritu que esto?) debe haber convertido una disposición naturalmente buena en hiel; y fue sólo por un ocasional destello de simpatía, expresada como si se avergonzara de ello, que descubrí que el Dr. Otto poseía un poco de sentimiento humano.

Una cosa había resuelto, y era que se debía llegar a un entendimiento final con el Dr. Pope, y que si tenía una entrevista con él, debería tener lugar en presencia de testigos. Por lo tanto, escribí al Dr. Sturm, en cuya casa se hospedaba, y también al abogado de San Pedro Sula, manifestando mi intención de pedir mis gastos de viaje y solicitando una opinión legal sobre el asunto.

Estos dos caballeros me visitaron al día siguiente y me informaron que al principio el Dr. Pope se expresó dispuesto a verme en presencia de ellos, pero luego eludió hacerlo y les pidió que me solicitaran una copia de su carta en la que me había contratado tan especialmente para venir a San Pedro Sula.

Me sentí inclinada a decirle que viera su propia copia de la carta que me escribió; pero como era importante ver lo que pensaba hacer, accedí y le envié una copia de sus cartas, agregando que conservaba duplicados de toda mi correspondencia con él.

Me dijeron que este último dato lo sorprendió considerablemente, y al día siguiente recibí una nota del abogado, diciendo que el Dr. Pope no veía esa carta como un acuerdo; pero propuso, si estaba de acuerdo, que el asunto se remitiera al cónsul en Puerto Cortés, el Sr. De Brot, para su arbitraje. Se me recomendó encarecidamente que aceptara estos términos, y el abogado agregó que el Sr. De Brot era un hombre íntegro y concienzudo.

"Ya ha gastado bastante", dijo este señor cuando lo vi al día siguiente, "y no quiero obstaculizarla con la ley. La propuesta vino del mismo Pope, no es sugerencia mía, ni de Don Pedro Sturm. Debo añadir que si cree conveniente aceptar esta propuesta, el Dr. Pope se comprometerá a pagar sus viaje a Puerto Cortés, luego podrá ver personalmente al cónsul".

La consternación de este generoso caballero solo fue vencida por su disgusto, cuando, a la mañana siguiente, descubrió que el Dr. Pope se había escabullido en su mula durante la noche a Puerto Cortés, olvidándose de dejar los fondos para mi viaje.

Esto, sin embargo, fue de poca importancia, ya que podía enviar mis cartas al cónsul por tren y preferiría ir al puerto cuando estuviera segura de que saldría del país. Así que escribí mis cartas y esperé pacientemente.

Poco queda por registrar de esta fatigada estadía en San Pedro Sula, y mi diario de este período sólo dice que un día cuenta otro y una noche certifica a otra. Un poco de fiebre; no hay noticias del gobernador de Santa Bárbara sobre la escuela; una carta de promesas y ningún resultado de un funcionario del gobierno u otro; una agradable charla con el alcalde, y esto fue la suma de mi vida durante más de un mes.

Por fin llegó una carta del señor Fonblanque anunciando que había recibido dinero y que enviaría una suma en el barco Wanderer, que zarparía en pocos días desde Nueva Orleans hasta Puerto Cortés. Los abogados londinenses, el telégrafo, y el barco habían facilitado enormemente las cosas, y yo era libre de partir de inmediato.

Como el barco a vapor Wanderer sólo permaneció en Puerto Cortés veinticuatro horas y yo estaba ansiosa por irme rápidamente, me di cuenta de que debía partir sin demora.

El Dr. Otto, que había ido al puerto por negocios, me envió un telegrama pidiéndome que partiera sin demora para tomar el barco hacia Nueva Orleans.

Como el tren de Puerto Cortés no funcionó durante dos días, me vi obligada a cabalgar; y así, por la fuerza de las circunstancias, he atravesado a lomo de mula la provincia de Honduras hispana desde Amapala hasta Puerto Cortés. Don Pedro Sturm me consiguió mulas y un hombre de confianza y, despidiéndome de Chicaramos, partí hacia Puerto Cortés.

Aunque la distancia era de menos de cuarenta millas, el camino era tan abominablemente malo y, en consecuencia, las paradas por eso eran tan grandes, que era literalmente imposible llegar al puerto antes de que zarpara el Wanderer.

Fue en el rancho del general Z, donde me detuve para refrescarme, que me dijeron esto: "No puede cabalgar durante la noche", dijo el general. "Siendo yo hombre, no me atrevería a hacerlo. El camino es peligroso incluso durante el día. No puedo permitirle salir por mi puerta; así que ore, señora, desmonte y quédese aquí hasta mañana. Puede tomarse un tiempo, y solo será una detención de catorce días antes de que regrese el Wanderer".

Acostumbrada como había estado a la demora y la decepción, esta fue una prueba amarga, y no pude contener un estallido de lágrimas. Todo parecía ir en mi contra. El general se volvió para llamar a su sobrina; su rostro agradable actuó como un vigorizante, y después de unos momentos pude decir que tomaría el consejo tan generosamente ofrecido.

"Seguramente debió de haber tardado en partir", dijo el general Z; "bajo las mejores circunstancias solo podría haber llegado a Puerto Cortés una hora antes de que zarpara el barco".

Le mostré el telegrama que el Dr. Otto me había enviado.

"¿Cuándo recibió esto?", preguntó.

"Anoche".

"Debería haberlo recibido seis horas antes o más. Este telegrama se ha retrasado. Alguna falla en la oficina de telégrafos, nadie sabe, o sabrá por qué; pero es muy irritante".

Ciertamente lo era, pero no tenía sentido quejarse; y como sabía que había una casa respetable a la que ir, conservada por la señora B, en Puerto Cortés, traté de sacar lo mejor del asunto. Mi principal preocupación era el dinero.

"Es muy probable que el sobrecargo del Wanderer haya dejado eso a cargo del Sr. De Brot para usted", dijo. "Nadie se extrañará de que usted no llegue; todos están a la altura de las costumbres del país. Entre y tómese un refresco, y luego la acompañaré a usted y a Anita al corral. Tengo unos buenos caballos para mostrarle".

Me despedí del general y de su linda sobrina con mejor ánimo a la mañana siguiente, y como ya no tenía prisa, tuve más libertad para admirar la magnífica región salvaje que se extiende a unas pocas millas del puerto.

Además, soporté con la mayor compostura la inmersión total de la mula de carga en un pantano, y la demora y preocupación de sacarla de nuevo. Este accidente ocurrió, afortunadamente, cerca de una aldea nativa, por lo que obtuve ayuda fácilmente. Debido a la detención que esto ocasionó, se hizo tarde antes de que llegáramos a la casa de Madame.

Esta buena dama estaba esperándonos, y su hermano me ayudó a bajar de la silla casi antes de que la mula se detuviera. "No nos sorprende que llegue tarde", dijo, "pero todo está arreglado. El señor De Brot tiene su dinero y lee haremos sentir cómoda hasta que regrese el Wanderer, y los cargos de mi hermana serán moderados".

¡Cuántas, cuántas personas sencillas y amables hay después de todo en Honduras!

Puerto Cortés no es mucho mejor que un pantano arenoso, solo esperando la oportunidad para deslizarse en el mar y perderse para siempre como lugar de residencia humana. Su única vista se encuentra en el galpón que forma el término de la comunicación ferroviaria entre este y San Pedro Sula. Allí, amontonados en óxido y polvo, se ven montones de material importado para formar el ferrocarril de Honduras. En este lugar se encuentran amontonados en abundancia pernos, llantas, ruedas, rieles, cadenas y otros materiales necesarios para hacer un ferrocarril; y el hondureño lo señala con una especie de lúgubre deleite mientras dice que allí se están pudriendo miles de libras.

Esperemos que este desperdicio sea solo temporal. Cartas recientes me informan que el Dr. Fritz Gartner y el Sr. Shears, ciudadanos estadounidenses, han hecho un contrato con el Gobierno de Honduras para la navegación del río Ulúa y sus afluentes, el Venta y el Blanco. Una vez logrado esto, seguramente seguirá la reconstrucción del ferrocarril.

La administración de la Madame B era más liberal que la de Chicaramos; y, en consecuencia, mi fuerza regresó parcialmente, aunque sufrí terriblemente por las moscas de arena, que en Puerto Cortés son demonios diminutos. El señor De Brot también fue amable y atento, pero, en cuestión de negocios, apenas se había mencionado el nombre del doctor Pope.

Finalmente, una calurosa mañana me entregaron una misiva que decía lo siguiente:

"Yo, John Frederic De Brot, cónsul británico de su majestad en Puerto Cortés:

Mientras que la señorita María y el reverendo Dr. W.L. Pope ha consentido en someter a mi arbitraje la cuestión en disputa entre ellos, sobre los gastos innecesarios acumulados para el primero en un viaje inútil a este país; y considerando que me declaré dispuesto a aceptar el cargo de árbitro en este asunto, he llegado a la siguiente decisión, con base en las cartas y otros documentos que se me presentaron:

Que el reverendo Dr. Pope pague a la señorita María la mitad de los gastos que ella ha tenido en su viaje hacia y desde su país.

Dado bajo mi mano y sello, el día diez de octubre de 1881.
(Firmado) J. F. DE BROT,
Cónsul Británico"

"Nunca obtendrá un penique de Pope, estoy seguro", dijo el Sr. De Brot, cuando le agradecí por este documento. "Sin embargo, creo que será una satisfacción para usted tener sus propias declaraciones así, por así decirlo, fundamentadas públicamente; ojalá hubiera insistido en un acuerdo legal antes de venir, pero ante una carta como la última que Pope le envió, no me extraña que no se le ocurriera esta idea".

"El asunto en este punto, señor De Brot", le respondí, "simplemente se resuelve en esto: nada triunfa como el éxito. Si este asunto hubiera resultado afortunadamente, todo el mundo habría dicho: "¡Qué mujer tan emprendedora es 'Soltera'! tan sensata en ir al extranjero, donde hay muchas más oportunidades de empleo", y todo lo demás. Como están las cosas, estoy considerablemente gastada y muchos de mis amigos, estoy segura, estarán más que dispuestos a culpar que a simpatizar conmigo en el asunto. Sin embargo, el mundo en general es amable, y podré recuperar el dinero perdido de alguna manera; ya sabe, 'Voy con Dios' es mi lema".

El Sr. De Brot me preguntó si había pensado en llevar el asunto a los tribunales de Honduras, en caso de que el Dr. Pope se negara a pagar.

"Definitivamente no", contesté, "sería una deshonra no solo para mí, sino también para mi familia. Su decisión establece mi derecho y mi honor; por lo demás, me contento con dejar que este hombre indigno siga su camino". Mientras decía esto, me pasó por la mente el antiguo proverbio italiano: "El mal no siempre viene a hacer daño".

"Me alegra oírla decir esto", dijo el cónsul; "pero yo ardo de indignación cuando pienso en este hombre. Sin embargo, usted está mejor que muchos".

"¿Puedo preguntar si usted ha visto al Dr. Pope desde que recibió su copia del arbitraje?".

"Vino a mi oficina anoche, pero estaba en tal estado que me negué a verlo. Confíe en mí, si puedo sacarle algo de dinero para usted, lo haré".

"Supongo", prosiguió el Sr. De Brot, mientras su cara se iluminaba con una sonrisa, "que después de esta experiencia nunca más creerá en nada o en nadie".

"No a tal grado", le respondí; "¿no ha corrido el cordón dorado de la bondad de los demás como una cuerda para sostenerme en todos mis problemas? Créame, no soy mal agradecida, y a menudo pensaré con placer en todas las personas de Honduras".

Mi diario, el 14 de octubre de 1881, dice lo siguiente:

"Recibí una amable nota de la Sra. Barlee, pidiéndome que pasara unas horas en la Casa de Gobierno en Belice, cuando el Wanderer tocara allí en su camino a Nueva Orleans.

El capitán y algunos de los pasajeros del barco Cyprio recién llegaron de Belice.

Sábado, 15. — Un día memorable, y un gran regreso a la civilización. Pasé el día a bordo del Cyprio y jugué whist y toqué el piano. La Sra. Kindred, la Sra. Brodie, la Sra. Brockeley, el Sr. M'Cullock y el oficial en jefe, junto con el capitán. ¿Qué personas podrían ser más amables o agradables?

Domingo, 16. — Le dije adiós al buen y amable Sr. De Brot.

Lunes, 17. — Zarpé en el Wanderer hacia Nueva Orleans. El día 19 llegué a Belice y pase una hermosa tarde con el señor y la señora Barlee. Nunca olvidaré su simpatía y su bondad.

24 de octubre. — Arribé a Nueva Orleans. Si es la reacción o el desarrollo de una enfermedad incipiente, no lo sé, pero aquí debo quedarme y descansar. Mi fuerza se ha ido; no hay lucha ni ganas de viaje en mí. El Sr. Albany Fonblanque me ha conseguido alojamiento en la casa de la dama donde él mismo reside, y escuché que la Sra. Glenn es la mejor ama de llaves y enfermera del mundo. El señor Fonblanque me dice que lo que me aflige es la semi inanición y que la hermosa temporada de invierno de Nueva Orleans me levantará".

Así que me decidí a quedarme y hacer mi hogar la casa elegante y confortable de la Sra. Glenn.

Unas semanas me restauraron. ¿Cómo podría ser de otra manera, con los alrededores que describí? ¿Quién puede leer las obras de Albany Fonblanque sin tener la certeza de que en su sociedad, y en la de los amigos que reunió a su alrededor, "Soltera" encontró gozo y descanso?

De esta encantadora "ciudad invernal", he venido a casa, más pobre (¡Dios me ayude!) pero más sabia y feliz. La ley de la bondad ha transformado lo amargo en dulce. A esta ley apelo, para que "Soltera" sea lo suficientemente afortunada para encontrar lectores de su historia de su travesía por la Honduras hispana. Vale.

FIN

www.ingramcontent.com/pod-product-compliance
Lightning Source LLC
Chambersburg PA
CBHW070331010526
44107CB00004B/490